Gakken

きめる！ KIMERU SERIES RC

JN042113

［ きめる！公務員試験 ］

文章理解
Reading Comprehension

監修＝永田英晃　編＝資格総合研究所

はじめに

　スマートフォンの普及により瞬時に検索ができるようになると、知識を覚える重要性は低くなり、近年では知識の暗記だけでは対応できない試験が増えてきました。さらに現在では、AI（人工知能）の発達によって、知能科目の意義も問われ始めています。昔はパターンや形式を覚えるような解法が流行したこともありましたが、そのようなAIに代替可能スキルの必要性は徐々に低下しています。形式ではなく本質を見抜く、まさに千里眼のような「真の知能」が必要とされる時代が来ているのです。

　文章理解に関して言えば、以前は本文中から該当箇所を見つける出題が主流でした。大量の文章から必要な箇所を見つける作業も、公務員にとっては重要な仕事だったからです。しかし、現在はAIやテクノロジーを使えば文章中から必要な箇所を瞬時に抽出することができ、探すだけのスキルは必要とされなくなっています。内容把握問題でも、主旨となる箇所が正答となる出題が多くなるなど、「本質を見抜く」時代への変化が強く反映されています。

　さて、現代文を解く際に、何となく感覚で選んだり、接続詞などの文体に注目してもなかなか正解を選べなかったりして、ヤキモキしてきた方も多いでしょう。教育でライティングの型をたたき込まれる欧米と異なり、日本では、接続詞は単に文章のリズムを作る「合いの手」のように使用しています（皆さんも、前後の関係よりも単にリズムの一つとして「しかし」や「つまり」と感覚的に発することが多いと思います）。英語が客観的に文型を重視する言語であるのに対し、日本語は立場や状況に強く依存する主観的な言語です。相手によって言い方を変えたり、相手が知っていることは極力省略したりするため、読み手は常に書き手の意図を察して理解する

必要があります。本書では型式よりも「書き手の真意」を重視したアプローチを心掛けました。

　一方で、英語は型が重視され、客観的に命題を説明する言語です。しかし、文型通りの語順だけではなく、実際には動作の対象が主語の位置に来たり（受動態）、主語の前にも副詞や前置詞句、ifやwhenの条件節など多くの情報が置かれたりしており、文によって様々に変化します。学校の英文法では機械的に構造変化を教わりますが、実はその変化にこそ、前後との意味のつながりや、書き手が何を強調したいのかが如実に反映されているのです。わざわざ語順や構造を変えるのは、筆者の「意識」の反映です。行間を読むために有効な「語順と意味の関係」を知ることで、内容を効率良く理解することができるでしょう。

　各々の特徴を概説しましたが、「文頭で旧情報（読み手が知っている情報）を提示し、その後に新情報を伝える」順序に関しては、日本語・英語などの言語にかかわらず世界共通の原理です。このように、本書では語用論（状況が意味にどう関係するかの研究）や認知意味論（どのように意味を認識するかの研究）など最新の言語学理論を積極的に採り入れています。せっかく現代文と英文の両方があるので、ほかにも日英対比をしながら言語の仕組みを解説したいのですが、そこに踏み込むと分量がかなり多くなってしまうため、やむを得ず言語自体の説明は割愛しています。その分、公務員試験においてどのように問題と向き合い、どこに着眼して解くのかに特化しています。本書を用いて、新しい時代を突破するこれからの公務員にふさわしい、最先端の文章理解能力を育んでほしいと願います。

永田英晃

もくじ

CHAPTER 1　現代文

CHAPTER 2　英文

別冊 解答解説集

本書の特長と使い方

3ステップで着実に合格に近づく！

STEP 1で着眼点を理解し、STEP 2で理解や解法をチェックする例題を解き、STEP 3で過去問に挑戦する、という3段階で、公務員試験で押さえておくべきポイントがしっかりと身につきます。

公務員試験対策のポイントや各科目の学習方法をていねいに解説！

本書の冒頭には「公務員試験対策のポイント」や「文章理解の学習ポイント」がわかる特集ページを収録。公務員試験を受けるにあたっての全般的な対策や、各科目の学習の仕方など、気になるポイントをあらかじめ押さえたうえで、効率よく公務員試験対策へと進むことができます。

別冊の解答解説集で、効果的な学習ができる！

本書の巻末には、本冊から取り外しできる「解答解説集」が付いています。問題の答え合わせや復習の際には、本冊のとなりに別冊を広げて使うことで、効果的な学習ができるようになります。

きめる！ 試験別対策

各章の冒頭には、各試験の傾向や頻出事項をまとめてあります。自分が受験する試験の傾向をしっかりと理解してから、学習の計画を立てましょう。

＊なお、2024年度から、国家公務員試験の内容が大きく変わります。文章理解の出題数や傾向も変わる可能性があるので、注意してください。

STEP 1　ここに着眼しよう！

　基本的に1見開き2ページで、分野ごとに重要な基本事項をインプットしていきます。そのため、重要な基本事項を網羅的かつ正確に、無理なく習得できるようになっています。

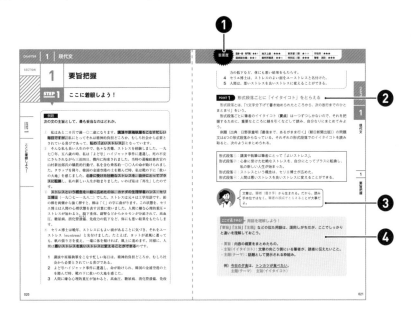

❶ 重要度
各SECTIONの試験別重要度を表しています。過去問を分析し、重要度を★の数で表しています。

❷ POINT
このSECTIONで押さえておきたい内容を、ポイントごとにまとめています。

❸
キャラクターが補足情報を教えてくれます。

❹ ここできめる！
最重要の知識や、間違えやすいポイントをまとめています。試験直前の確認などに活用できます。

STEP 2　3択問題で理解を確認！（現代文）

　STEP 1の理解をチェックするための3択形式の問題です。過去問演習のための土台づくりとして、効率的にポイントを復習できます。

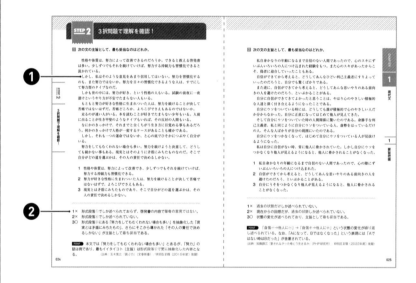

❶ 過去問演習の前に、実戦的な問題形式でSTEP 1で学んだ内容を復習することができます。

❷ 解答と詳しい解説で知識の定着と深い理解に繋がります。間違えやすいポイントなども押さえましょう。

STEP 2 例題で解法を確認！（英文）

　STEP 1の理解をチェックするための例題です。過去問演習のための土台づくりとして、効率的に解法のポイントを復習できます。

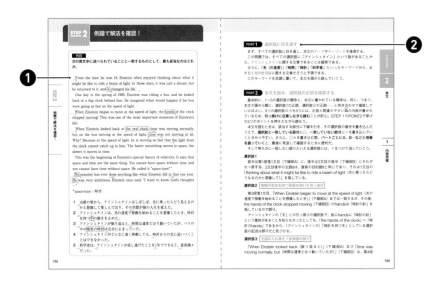

❶ 過去問演習の前に、実戦的な問題形式でSTEP 1で学んだ内容を復習することができます。

❷ 解答と詳しい解説で知識の定着と深い理解に繋がります。間違えやすいポイントなども押さえましょう。

STEP 3 過去問にチャレンジ！

　本書には、過去15年分以上の過去問の中から、重要な基本事項を効率的に学習できる良問を選別して収録しています。

　過去問は、可能であれば3回以上解くのが望ましいです。過去問を繰り返し解くことで、知識だけでなく能力や感覚といったアビリティまで身につくという側面があるのです。

別冊　解答解説集

　STEP 3の過去問を解いたら、取り外して使える解答解説集で答え合わせと復習を行いましょう。

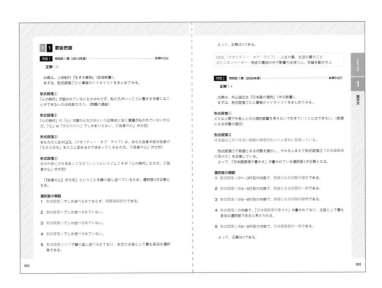

本書掲載の過去問題について

　本書で掲載する過去問題の問題文について、問題の趣旨を損なわない程度に改題している場合があります。

公務員試験対策のポイント

志望先に合わせて計画的で的確な対策を

まずは第一志望先を決めましょう。仕事の内容、働きたい場所、転勤の範囲などが志望先を選ぶポイントです。また、併願先もあわせて決めることで、試験日・出題科目がおのずと決まってきて、学習計画を立てることができるようになります。

過去問の頻出テーマをおさえて問題演習を

公務員試験合格のポイントは、1冊の問題集を何度もくり返し解くことです。そうすることで、知らず知らずのうちに試験によく出るテーマ・問題のパターンがしっかりと身につき、合格に近づくことができるでしょう。

人物試験対策の時間も確保したスケジューリングを

近年では、論文試験や面接等の人物試験が重要視される傾向にあります。一次試験の直前期に、その先の論文試験や人物試験を見据えて、学習の計画を立てるようにしましょう。人物試験については、自己分析・志望動機の整理・政策研究を行って、しっかり対策しましょう。

文章理解の学習ポイント

　ここでは、文章理解とは何か、ということと、公務員試験における文章理解の
ポイントについて説明します。

　本格的な学習を始める前に、まずは全体像を確認しておきましょう。

現代文の学習ポイント

①文章の向こう側にいる筆者との対話

　当たり前ですが、文章理解の科目で求められている能力は「本文から答えを探
す力」ではなく「文章を理解する力」です。もし単なる文字の羅列から探すだけ
の機械的な作業と捉えたら、文章理解の学習には何の意義も感じられなくなり、
とても退屈になってしまいます。しかし、文章の向こう側には、人間である筆者
がいます。筆者は主張を読み手に伝えるために書いているので、筆者と対話をす
るような気持ちで読み進めましょう。

②復習は解き直しではなく新しい問題で

　文章理解などの知能科目は「その場で考えて処理をする」力を測っています。
知能の養成には必ず「未知の問題」を使わなければなりません。なぜならば、知
能科目は「未知の問題に対応できるか」を測っているからです。解説を読んだ問
題を再度解き直す場合、読んだ解説を完全に忘れていれば問題ありませんが、大
抵は覚えていて、記憶を思い出しながら解いています。これでは知能ではなく知
識（記憶したものを思い出しているだけ）で解いているため、知能の力は全く上
がりません。「勉強したのに解けるようにならない」人は、自己満足の知識学習に
陥っていないかに気を付けましょう。

　復習は「新しい問題」で実践します。例えば、問題1を解いた後に、「どうすれ
ば正答を選べたか」「どこに気を付けるべきだったか」をしっかりと吟味・分析し
ます。そして、その反省を踏まえて「復習として」新しい問題2に挑み、解ける実
力を確認するのです。

英文の学習のポイント

①子どもの頃の純粋な気持ちで向き合おう

　英語の基礎知識がない場合は、子どもの頃に日本語を習得した時と同じように文の仕組みを発見してみましょう。そもそも言語とは自分で法則をつかみ取って習得するものです（知識を覚えただけでは使いこなせません）。ただし、幼少期では全てが新情報であるため、言語をシャワーのように浴びれば自然に習得できますが、大人になってから「聞き流し」「読み流し」をしても、脳はうまく吸収してくれません（むしろ拒絶するかもしれません）。よって、大人は意識的に仕組みを見つける取り組みをする必要があります。

②文脈を手掛かりに意味を推測する

　英語は、動詞の前までが主題（テーマ）で、動詞以降でその説明をします。そして、相手に新しい情報を伝えようとしているため、常に「不足している情報は何か」を考えれば、次に出てくる情報（新情報）をスムーズに把握できます。

　また、わからない単語が出てきたら、前後の文脈から意味を特定する訓練をしてみましょう。多くの人は、teaの意味を「お茶」と暗記しています。辞書にそう書いてあります。しかし、初めてteaという言葉に出会った日本人は、文脈や状況から「これは日本語だと『お茶』の意味だな」と推測して訳語を作ったはずです。その誰かが推測した意味を集めたのが辞書です。辞書は決して絶対的な規範ではなく、単なる推測集に過ぎません。辞書を最初に作った人と同じように、文脈から単語の意味を推定しましょう。子どもの頃、あなたもこのようにして言葉の意味を身に付けてきたはずです。推測こそが実は言語習得の原点なのです。

文章理解の学習計画をチェック！

1 準備期

● 志望先の出題傾向から学習箇所を絞る。
●「この章で学ぶこと」を通読。

> 好奇心を意図的に奮い起こし、全身で船出にワクワクしよう。

2 集中期

● 現代文　要旨把握
● 現代文　空欄補充
● 英文　内容把握

> 筆者の「イイタイコト」をつかむ。すぐに選択肢に飛びつかない！

3 追い込み期

● 現代文　内容把握
● 現代文　文章整序
● 英文　空欄補充
● 英文　文章整序

> 情報推移に注目し、自分で解説できるぐらい根拠を明確に解く。

4 総仕上げ期

● 現代文　要旨把握
● 初めて解くつもりでチャレンジ。

>「筆者と対話するつもりで、イイタイコトをつかむ」原点に立ち返ろう。

きめる！公務員試験シリーズで、合格をきめる！

**3ステップ方式で絶対につまずかない！
別冊の解答解説集で効率的に学べる！**

数的推理
1,980円（税込）

判断推理
1,980円（税込）

民法Ⅰ
1,980円（税込）

民法Ⅱ
1,980円（税込）

憲法
1,980円（税込）

社会科学
1,980円（税込）

人文科学
1,980円（税込）

自然科学
1,980円（税込）

行政法
1,980円（税込）

資料解釈
1,760円（税込）

文章理解
1,760円（税込）

**シリーズ全冊試し読み
「Gakken Book Contents Library」のご案内**

1 右のQRコードかURLから「Gakken Book Contents Library」にアクセスしてください。

https://gbc-library.gakken.jp/

2 Gakken IDでログインしてください。Gakken IDをお持ちでない方は新規登録をお願いします。

3 ログイン後、「コンテンツ追加＋」ボタンから下記IDとパスワードを入力してください。

ID	9mvrd
PASS	cfphvps4

4 書籍の登録が完了すると、マイページに試し読み一覧が表示されますので、そこからご覧いただくことができます。

※試し読みキャンペーンは予告なく終了する可能性がございます。

CHAPTER

1

現代文

この章で学ぶこと

◯ 最も重要なのは要旨把握

　かつては「些末な部分を見つけ出す能力」が公務員にも求められており、文章中の些細な箇所が正答肢になっている問題も多く出題されていました。しかし、今や文章から探すだけならAIが瞬時に見つけ出してくれます。すると次第に、照合的な作業を要求する出題は減り、主旨や重要な箇所が正答になることが非常に多くなっています。些末な照合よりも文章の向こう側にいる筆者の「イイタイコト」をつかむように心掛けましょう。

◯ 空欄補充や文章整序は情報推移に注目

　欧米の言語は型が重視されており、接続語などに忠実に文章が構成されています。しかし、日本語の場合、型よりも立場や状況による影響が強い（立場や状況による表現変動が著しい）ため、形だけではなかなか特定できません。よって、形よりも情報の推移に注目します。ここでもやはり、筆者の「イイタイコト」を軸に、それがどのように展開されているのかを吟味する姿勢が最も効果的です。

◯ 選択肢は出題者の立場で分析しよう

　試験には必ずその問題を作成した人がいます。出題者はまず正答肢を作成し、次に受験生を引っ掛けるためのダミー肢を作ります。文章の要を読解できているかを測るため、主旨や重要部分を正答肢に置きますが、本文と同じ表現だと字面だけで選ばれてしまうため、わざと本文と表現を変え、きちんと理解できていないと選べないように工夫をしています。一方で、ダミー選択肢には、あえて本文と同じ表現をそのまま用いるなど、「思わず選んでしまう」工夫を施します。答え合わせの際は正誤や根拠となる本文箇所だけではなく、「なぜ出題者はそこを正答にしたか」「正答の選択肢の書き方はどうか」、間違えて選んだ肢は「どんな作り方がされているか」を分析しましょう。出題者の視点を身に付ければ、正答率が大きく上がります。

国家総合職

　内容把握を中心に、空欄補充や文章整序も出題される。社会科学のテーマからの出題が多く、抽象的で読解しにくい文章も多い。選択肢の作り方は素直で解きやすく、読解さえできれば得点できる。

国家一般職・専門職

　内容把握を中心に、空欄補充や文章整序も出題される。近年は、平易で読みやすい文章の出題が増えているが、選択肢の判定が微妙で、検討に時間がかかる傾向がある。引っ掛けに注意しよう。

裁判所職員

　内容把握を中心に、空欄補充や文章整序も出題される。文章が長く、かつ難解なものが多い。選択肢も本文の表現を大幅に言い換えて構成しており、難度が高い。まずはしっかりと読解する訓練に励みたい。

地方上級

　要旨把握・内容把握が中心だが、空欄補充の出題もある。文章量は短いが、哲学的で難解な出題が多い。速読よりも精読を重視しよう。

東京都Ⅰ類

　内容把握を中心に、空欄補充や文章整序も出題される。文章量は長いが、選択肢がわかりやすく解きやすい。淡々と解く練習をしよう。

特別区Ⅰ類

　主旨把握を中心に、空欄補充や文章整序も出題される。文章量は短いため、照合作業ではなく、しっかりと主旨を追う読解を心掛けよう。

市役所

　内容把握（要旨把握）が中心だが、空欄補充の出題もある。思想や社会科学をテーマとした文章がよく出題されている。内容の正確な読解を重視したい。

警察・消防

　要旨把握が中心だが、警察では空欄補充や文章整序の出題もある。要旨把握は、段落ごとの要点に印を付けながら読み進めよう。

1 要旨把握

STEP 1 ここに着眼しよう！

例題

次の文の主旨として、最も妥当なのはどれか。

① 　私はあと二カ月で満一〇二歳になります。講演や原稿執筆をこなす忙しい毎日ですが、私にとってそれは精神的負担どころか、むしろ社会から必要とされている喜びであって、私の「よいストレス」となっています。

② 　そんな私も長い人生の中で、色々な苦難、ストレスを経験しました。一九七〇年、五八歳の時、私は「よど号」ハイジャック事件に遭遇し、死の不安にさらされながら三泊四日、機内に拘束されました。当時の運輸政務次官の山村新治郎氏の犠牲的行動で、私を含む乗客約一〇〇人の命が助けられました。タラップを降り、韓国の金浦空港の土を踏んだ時、私は靴の下に「救いの大地」を感じました。心身に受けた壮絶なストレスを、自分にとってプラスに転換し、私の新しい人生が始まりました。いわば私は「再生」したのです。

③ 　ストレスという概念を一般に広めたのは、カナダの生理学者ハンス・セリエ博士（一九〇七〜一九八二）でした。ストレスは元々は工学用語です。鉛の棒を両側から強く押すと、棒は「く」の字に曲がります。この状態を、セリエ博士は人間の心理状態を表す言葉に使いました。人間に嫌な心理的重圧＝ストレスが加わると、脳下垂体、副腎などからホルモンが分泌されて、高血圧、糖尿病、消化管潰瘍、免疫力の低下など、体にも悪い結果をもたらします。

④ 　セリエ博士は晩年、ストレスにもよい面があることに気づき、それをユーストレス（eu-stress）と名付けました。たとえば、ヨットが逆風に遭っても、帆の張り方を変え、一端に体を傾ければ、風上に進めます。同様に、人間は悪いストレスを良いストレスに変えることができるのです。

1　講演や原稿執筆をこなす忙しい毎日は、精神的負担どころか、むしろ社会から必要とされている喜びである。

2　よど号ハイジャック事件に遭遇し、命が助けられ、韓国の金浦空港の土を踏んだ時、靴の下に救いの大地を感じた。

3　人間に嫌な心理的重圧が加わると、高血圧、糖尿病、消化管潰瘍、免疫

力の低下など、体にも悪い結果をもたらす。
4 セリエ博士は、ストレスのよい面をユーストレスと名付けた。
5 人間は、悪いストレスを良いストレスに変えることができる。

POINT 1 　形式段落ごとに「イイタイコト」をとらえる

　形式段落とは、「1文字分下げて書き始められたところから、次の改行までのひとまとまり」をいう。

　形式段落ごとに筆者の**イイタイコト**（**要点**）は一つずつしかないので、それを把握するために、重要なところに線を引くなどして読み、自分なりにまとめてみよう。

　例題（出典：日野原重明『最後まで、あるがまま行く』（朝日新聞出版））の問題文は4つの形式段落からなっている。それぞれの形式段落での**イイタイコト**を読み取ると、次のようにまとめられる。

形式段落①：講演や執筆は筆者にとって「よいストレス」。
形式段落②：心身に受けた壮絶なストレスを、自分にとってプラスに転換し、私の新しい人生が始まった。
形式段落③：ストレスという概念は、セリエ博士が広めた。
形式段落④：人間は悪いストレスを良いストレスに変えることができる。

　文章は、筆者（書き手）から生まれる。だから、読み手本位ではなく、筆者の視点でとらえることが大事だよ。

ここで動き止める！ ▶ 用語を理解しよう！

「要旨」「主旨」「主題」などの似た用語は、混同しがちだが、ここでしっかりと違いを理解しておこう。

・要旨：内容の概要をまとめたもの。
・主旨（イイタイコト）：文章の向こう側にいる筆者が、読者に伝えたいこと。
・主題（テーマ）：話題として提示される枠組み。

　例）今日の夕食は、トンカツが食べたい。
　　　主題（テーマ）　　主旨（イイタイコト）

CHAPTER
1
現代文

1
要旨把握

POINT 2 自分なりに設問の答えを考える

　まず、問題の本文では、「ストレス」について⊖（マイナス要素）→⊕（プラス要素）の展開が何度も繰り返されている。よって、この文章の主旨は「**ストレスを⊖→⊕に**」であることがわかる。

ここで書きめる！ ▶ 主旨をとらえるポイント

(1) 何度も繰り返されていることが多い。
(2) ⊖⊕、原因結果、手段目的などの対比に着目。
(3) 対比概念（例　日本：欧米、昔：今　など）のうち、どちらに重きを置いているかに気を付ける。

出題者は、一冊の本の大量の文章から「一つの主題」の箇所を切り取っているから、問題本文の主題は必ず一貫しているんだ。

　次に、いきなり選択肢を比べるのではなく、**自分なりに設問の答えを考えてみよう**。POINT1でまとめた段落別の**イイタイコト**を抽出して考えてみると以下のようになる。

形式段落①：講演や執筆（⊖）は筆者にとって「よいストレス⊕」。
形式段落②：心身に受けた壮絶なストレス（⊖）を、自分にとってプラスに転換し（⊕）、私の新しい人生が始まった。
形式段落③：ストレスという概念は、セリエ博士が広めた。
形式段落④：人間は悪いストレス（⊖）を良いストレス（⊕）に変えることができる。

　つまり、形式段落①②④で繰り返し述べられている「**ストレスを⊖→⊕に**」が答えであるとわかる。

選択肢を読む前には、必ず自分なりの答えを考えておこう。あいまいなまま選択肢を見てしまうと、誤りの選択肢に誘導される可能性が高くなるよ。

POINT 3 選択肢を選ぶ

　ここで初めて選択肢に目を向けてみると、選択肢**5**が「ストレスを⊖→⊕に」であるので、これが正解である。

　念のため、他の選択肢も解説する。

> SECTION2の「内容把握」と異なり、×の肢の内容も本文に書いてある場合が多い。でも途中で出てきただけで、それは主旨じゃないんだ。

選択肢1…形式段落①でしか述べられていない。

選択肢2…形式段落②でしか述べられていない。

選択肢3…形式段落③でしか述べられていない。

選択肢4…形式段落④でしか述べられていない。

選択肢5…形式段落①②④で繰り返し述べられている。

> 選択肢を選ぶときには、必ず出題者の立場になって考えよう。×の選択肢は正解であるかのような錯覚を与える書き方で作られているので、注意が必要だよ。

1 次の文の主旨として、最も妥当なのはどれか。

　性格や体質は、努力によって改善できるのだろうか。できると教える啓発書は多い。少しずつでもそれを続けていけば、努力する持続力も習慣化できると説かれている。

　しかし、私はそのような意見をあまり信用してはいない。努力を習慣化するのも、また努力ではないか。努力を日々の習慣化できるような人は、すでにして努力型のタイプなのだ。

　しかも世の中には、努力が好き、という性格の人もいる。試験の前夜に一夜漬けというやり方が不安でたまらない人もいる。

　もともと努力が好きな性格に生まれついた人は、努力を続けることが決して苦痛ではないはずだ。苦痛どころか、よろこびでさえもあるのではないか。

　走るのが速い人がいる。本を読むことが好きでたまらない少年もいる。人前に出ることが生き甲斐のようなタイプもいれば、その反対の人間もいる。

　なにかのきっかけで、それまでと全くちがう生き方に目覚める事もあるだろう。何かのきっかけで人格が一変するケースがあることも確かである。

　しかし、それも一つの運命ではないか、と心の底でひそかにつぶやく自分がいる。

　努力をしてもむくわれない場合も多い。努力を続けようと決意して、どうしても続かない事もある。現実とはそのように矛盾にみちたものなのだ。そこで自分がどの道を選ぶかは、その人の責任で決めるしかない。

1　性格や体質は、努力によって改善でき、少しずつでもそれを続けていけば、努力する持続力も習慣化できる。
2　努力が好きな性格に生まれついた人は、努力を続けることが決して苦痛ではないはずで、よろこびでさえもある。
3　現実とは矛盾にみちたものであり、そこで自分がどの道を選ぶかは、その人の責任で決めるしかない。

1×　形式段落①でしか述べられておらず、啓発書の内容で筆者の意見ではない。
2×　形式段落④でしか述べられていない。
3○　形式段落⑧にある「努力をしてもむくわれない場合も多い」を抽象化した「現実とは矛盾にみちたもの」、さらにそこから導かれた「その人の責任で決めるしかない」が主旨として最も妥当である。

POINT　本文では「努力をしてもむくわれない場合も多い」とあるが、「努力」の話は例であり、最もイイタイコト（主旨）は形式段落⑧で更に抽象化した内容となる。

（出典：五木寛之『選ぶ力』（文春新書）／特別区Ⅲ類〔2015年度〕改題）

2 次の文の主旨として、最も妥当なのはどれか。

　私自身かなりの年齢になるまで自信のない人間であったので、心のスキにず
いぶんいろいろの人につけ込まれた経験をもつ。また心のスキがあったからこ
そ、偽者に迎合していったこともある。

　自信ができてから考えると、どうしてあんなひどい利己主義者にすりよって
いったのだろうと、自分でも驚くばかりである。

　また逆に、自信ができてから考えると、どうしてあんな思いやりのある前向
きの人を避けたのだろう、といぶかることがある。

　自分に自信ができてきてよかったと思うことは、やはり心のやさしい積極的
な人達と深く付き合えるようになったことである。

　自分にウソをついている時には、どうしても誰が積極的で心のやさしい人だ
か分からなかった。自分に正直になってはじめて他人が見えてきた。

　そして自分にウソをついていた時の人間関係に驚いたのである。身勝手な利
己主義者、私と同じように自分にウソをついている人、虚勢をはっているだけ
の人、そんな人ばかりが自分の周囲にいたのである。

　自分にウソをつかなくなって、はじめて自分にウソをついている人が見抜け
るようになった。

　私は自分に自信がない時、常に他人に脅かされていた。しかし自分にウソを
つかなくなり他人が見えるようになると、他人に脅かされることがなくなった。

1　私自身かなりの年齢になるまで自信のない人間であったので、心の隙にず
　　いぶんいろいろの人につけ込まれた。
2　自信ができてから考えると、どうしてあんな思いやりのある前向きの人を
　　避けたのだろう、といぶかることがある。
3　自分にうそをつかなくなり他人が見えるようになると、他人に脅かされる
　　ことがなくなった。

....

1× 　**過去の状態**だけしか述べられていない。
2× 　現在からの回想だが、**過去の状態**しか述べられていない。
3○ 　状態の変化が述べられており、主旨として**最も妥当**である。

POINT　「自信⊖→他人に⊖」→「自信⊕→他人に⊕」という状態の変化が繰り返
し述べられている。なお、「Aになって、Bではなくなった」という表現には「Aで
はない時はBだった」が含意されている。

（出典：加藤諦三『愛されなかった時どう生きるか』（PHP研究所）／特別区Ⅲ類〔2022年度〕改題）

過去問にチャレンジ！

問題1

特別区Ⅰ類（2013年度）

次の文の主旨として、最も妥当なのはどれか。

　かなり前から「これからはモノの時代ではなく、心の時代だ」と言われるように
なった。そして新聞などの世論調査を見ても、「モノより心だ」という意識は顕著
に表れてきているし、私もその方向性には共感を覚える。しかし繰り返し「心の時
代」が説かれているにもかかわらず、私たちがいっこうに豊かさを感じることがで
きないのは何故だろう。

　それは「心の時代」の「心」が誰の心なのかという出発点に全く意識が払われて
いないからだ。「心の時代」の「心」が誰の心なのかと言われれば、それは「あな
たの心」でしかありえない。「心の時代」とは私たちひとりひとりの心の満足が出
発点になる時代のことなのだ。しかし、私たちの多くはこれまでのように「誰かが
私たちの心を満足させてくれる方法を教えてくれるだろう」とか「心の時代の上手
な生き方を示してくれるだろう」と思ってしまっている。

　あなたの人生のQOL、クオリティー・オブ・ライフは、あなた自身が自分自身の
「生きる意味」をどこに定めるかで決まってくるものだ。評論家やオピニオンリー
ダーの言うことを鵜呑みにしてしまうのでは、それは既にあなたの人生のQOLでは
なくなってしまう。この混迷する世の中で、「あなたはこう生きろ！」「こうすれば
成功する！」といった書物が溢れている。そして、自信のない私たちはそうした教
えに頼ってしまいそうになる。しかし、「おすがり」からは何も生まれない。

　「心の時代」とは、私の「心」「感じ方」を尊重しようという時代である。〈これ
が誰にとっても正しい「心の時代」の過ごし方だ〉などというものはない。自分自
身の心に素直になって、自分がいま一番何を求めているのかに従って生きていこ
う、モノの多さ、地位の高さ、そして「他者の目」からの要求に惑わされず、自分
の感じ方を尊重して生きていこうということこそが「心の時代」なのだ。

1　これからはモノの時代ではなく、心の時代であると言われているが、私たちは
　　豊かさを感じることができない。

2　「心の時代」の「心」が、誰の心なのかという出発点に全く意識が払われていな
　　い。

3　私たちの多くは、「誰かが私たちの心を満足させてくれる方法を教えてくれるだ
　　ろう」と思っている。

4　あなたの人生のクオリティー・オブ・ライフは、あなた自身が自分自身の「生
　　きる意味」をどこに定めるかで決まってくる。

5 自分の「心」「感じ方」を尊重して生きていこうということこそが、「心の時代」なのだ。

➡解答・解説は別冊P.002

問題2

特別区Ⅰ類（2005年度）

次の文の主旨として、最も妥当なのはどれか。

　どんな人間でも他人との心理的距離を考えないで生きて行くことはできない。その距離のごく小さな場合を考えると、母親と幼児のあいだに見られるスキンシップがある。これはあまりにも接近しているから、他人という自覚をともなわない。その逆にきわめて大きな距離をもっているのが、未知の人たちの集団、公衆を前にしたときのような場合である。このスキンシップ距離と公衆距離の中間に、つき合いの距離ともいうべきものがある。知り合いから親友までを含み、ひとりひとりが微妙に違った距離に立っている。

　こういうつき合い距離にある相手との距離確認は通常言葉によって行われるが、日本語はこのつき合い距離の表現がたいへん豊かに発達している。敬語もその距離の具体的表示にほかならない。なるべく柔軟な言葉を送ってその反応を見る。これではすこしていねいすぎるかもしれない。それは距離を大きくとりすぎたからで、こちらの心が届かない。もうすこしよそよそしくない、親しい言葉を使う必要があると感じる。その反対に、これでよかろうと思った表現が相手につよくひびきすぎるということが起れば、もうすこし距離を大きくとらなくてはならない。よりていねいな言い方をする。

1 人間は、他人との心理的距離を考えないで生きて行くことはできず、その距離のごく小さな場合を考えると、母親と幼児の間に見られるスキンシップがある。

2 きわめて大きな他人との心理的距離をもっているのが、未知の人たちの集団、公衆を前にしたときのような場合である。

3 スキンシップ距離と公衆距離の中間に、つき合いの距離というべきものがある。

4 つき合い距離にある相手との距離確認は通常言葉によって行われるが、日本語はこのつき合い距離の表現がたいへん豊かに発達している。

5 これでよかろうと思った表現が相手につよくひびきすぎるということが起れば、もうすこし距離を大きくとらなくてはならず、よりていねいな言い方をする。

➡解答・解説は別冊P.003

問題3

次の文の主旨として、最も妥当なのはどれか。

　理性的な人間は幾分冷静だ、分別がある。過ちを犯すことが少ない。そして礼儀を知っている。馬鹿なことはしない。けたをはずさない。

　本能が弱いのではない。それをよく御しているのだ。

　意馬心猿という言葉がある。人間はつい怒りとか、猜みとか、恨みとか、嫉妬とか、いろいろの激情にまきこまれやすい。理性はそういう時、その人を見守って過ちを犯させないようにする役目を果す為にある。

　孔子が「君子は窮するか」と聞かれた時、「元より君子も窮する。小人は窮すれば濫す」と言った。

　小人は理性が弱いから窮するとつい理性的でなくなり、自棄を起しやすい。しかし君子はいくら窮しても自棄は起さず、理性を失わない。人間の尊厳を守ると言うのだ。

　しかし理性は無意味に本能を窒息させるものではない。又生命の活力を弱めるものではない。むしろその活力を最も有効に生かす為に与えられているものだ。

　世間が怖いとか、悪口を言われるのがいやだとか、誤解を恐れるとか、他人の思惑を恐れて、したいことも出来ない人間は理性的な人物とは言えない。そういう人は理性以下の人で、他人の制裁をうけてやっとどうにか悪いことをしない人間で、他人さえ気がつかなければいくらでも悪いことをして、すましていようという人間で、自分の生活、自分の生命を自分で導いてはいけない人々である。

　こういう人はその時、その時の社会の大勢に支配されて、どうにかこうにか、あまり悪いこともせず生きてゆく人で、人間を進歩させたり、文明に導いたりする力の殆どない人々である。

1 理性的な人間は、幾分冷静で分別があり、過ちを犯すことが少なく、礼儀を知っている。

2 人間は、いろいろな激情にまきこまれやすく、理性はそういう時、その人を見守って過ちを犯させないようにする役目を果す。

3 理性は、無意味に本能を窒息させるものではなく、又生命の活力を弱めるものではなく、むしろ生命の活力を最も有効に生かす為に与えられている。

4 世間が怖いとか、悪口を言われるのがいやだとか、誤解を恐れるとか、他人の思惑を恐れて、したいことも出来ない人間は理性的な人物とは言えない。

5 自分の生活、自分の生命を自分で導いてはいけない人は、人間を進歩させたり、文明に導いたりする力の殆どない人である。

→解答・解説は別冊P.004

問題4

特別区Ⅰ類（2015年度）

次の文の主旨として、最も妥当なのはどれか。

　シェークスピアの文章は若干のいいまわしや古い表現を除けば今のイギリスの中高生ならそのまま読めると言われていますが、日本語は違います。単語や文体や表記法、字体も様変わりしましたが、日本の王朝時代の書物はもちろん、明治以前に書かれたものは、大人でもいまやなかなか読めないものになっています。それだけ違ってしまったものは、すでに一種の異文化と言っていいと思うのです。同じ文化だという思いこみで対すると、その過去の日本文化を正確に理解できず、ひいては現在の日本文化についても誤った理解に到達するおそれがあります。過去の書物の正確でかつ面白い読み方は、それらに対してきちんと異文化として対するところから始まるような気がします。

　同様に、日本の過去の文化全体に対しても、異文化理解という視点からもう一度見つめ直す必要があると思います。日本の古代や中世と現在では、言語や制度や基本的な文化要素もかなり違います。文章同様、過去と現在とを安易に連続的なものとして捉えることは、自国の歴史や自文化についても正確な理解に達せられない部分があるのではないでしょうか。

1　シェークスピアの文章は若干のいいまわしや古い表現を除けば今のイギリスの中高生ならそのまま読めると言われているが、日本語は違う。

2　日本の王朝時代の書物はもちろん、明治以前に書かれたものは、大人でもいまやなかなか読めないものになっている。

3　明治以前に書かれた過去の書物の正確でかつ面白い読み方は、それらに対してきちんと異文化として対するところから始まる。

4　日本の過去の文化全体に対しても、異文化理解という視点からもう一度見つめ直す必要がある。

5　過去と現在とを安易に連続的なものとして捉えることは、自国の歴史や自文化についても正確な理解に達せられない。

➡解答・解説は別冊 P.006

問題5

次の文の主旨として、最も妥当なのはどれか。

　いま年金の支払いをしていない人が、国民の四〇パーセントをこえるという。払うに払えない苦境にある人もいるかもしれない。だが将来、あえて年金をもらわないことを選んだ人も中にはいるはずだ。

　三・一一の大災害のあと、結婚して家庭をもつ人が増えたらしい。それも一つの選択である。孤独と自由を捨てて、絆を選んだのだ。

　アンチ・エイジングが流行る一方で、自分の死を事前に準備しようとする人も増えた。長生きだけが幸福ではない、と、ナチュラル・エンドを選んだ人たちである。

　ある日、突然、ガンを宣告されたらどうするか。

　これまでは医師のすすめにしたがって、手術なり何なりの対処をごく当り前のように受け入れた。しかし今では本人の意志が尊重される。外科手術、化学的治療、放射線療法、と選択肢はいくつもある。それらを綜合して、医師にまかせると判断するのが大部分だろう。

　しかし、高齢者の場合は、それも本人の選択である。最後まで闘病をつづけるか、それとも自然のなりゆきにしたがうか。

　家族、肉親も大きな選択をせまられる場合が多い。延命治療の実施に際しては、どうしても感情が先にたつ。ときには患者本人の意志が無視されることもあるだろう。

　自主的に「選ぶ」ことができなくなったとき、私たちはすでに生きる意味を失う。「生きる」とは、「選ぶ」ことである。人はみずから「選ぶ」ことで自分の人生を生きている。どうでもいいような小さな選択から、一生にかかわる「選び」まで、無限に広がる選択の世界が私たちの前にひろがっているのだ。

1　いま年金の支払いをしていない人が、国民の四〇パーセントをこえており、あえて年金をもらわないことを選ぶ人がいる。

2　長生きだけが幸福ではなく、自分の死を事前に準備しようと、ナチュラル・エンドを選ぶ人がいる。

3　ガンを宣告されると、これまでは医師のすすめにしたがって、手術なり何なりの対処を受け入れていたが、今では本人の意志が尊重される。

4　ガンを宣告されると、家族や肉親も大きな選択をせまられる場合が多く、ときには患者本人の意志が無視されることもある。

5　生きるとは、選ぶことであり、人はみずから選ぶことで自分の人生を生きている。

➡ 解答・解説は別冊 P.007

問題6

次の文の主旨として、最も妥当なのはどれか。

戦後の日本社会では、「豊かな家族生活」を築くことが、幸福を約束するためのガイドラインになりました。ガイドラインに沿って、「豊かな家族生活」に必要な商品をそろえることが社会で評価され、幸福を感じるための手段でした。このような幸福を常に感じていくためには、家族が経済的に豊かになり続けることが不可欠です。高度成長期には、大多数の世帯収入が増えていたので、このガイドラインが有効だったのです。

しかし、今や経済の高成長は見込めません。少子高齢化が進み、現役世代の可処分所得は減少しています。そして、今の若者の4分の1は生涯未婚だと予測され、離婚も増えています。「豊かな家族生活」を築くことによる幸福を否定するつもりはありませんが、それだけが幸福をもたらすとすれば、多くの人はそのような幸福から排除されてしまいます。

ボランティア活動など他人や周りの人が喜ぶような新しい形の多様な幸せのモデル、つまり、他人とつながって社会的承認を得るというシステムが生まれ、育つことをサポートしていく必要があります。

新しい形の幸福を追求するにしても、生理的欲求の充足はもとより、人からみじめとは思われない程度の生活は不可欠です。誰かにプレゼントをしたり、社会活動に参加したりするにしても、多少のお金は必要です。すべての人に文化的に最低限の生活を保障するためには、経済的な豊かさを維持しなくてはなりません。その上で、新しい形の幸福をサポートする仕組みを整えることが社会に求められていると思います。

1 戦後の日本社会では、豊かな家族生活を築くことが、幸福を約束するためのガイドラインになっていた。

2 今や経済の高成長は見込めず、少子高齢化が進み、現役世代の可処分所得は減少している。

3 豊かな家族生活を築くことだけが幸福をもたらすとすれば、多くの人はそのような幸福から排除されてしまう。

4 他人とつながって社会的承認を得るというシステムが生まれ、育つことをサポートしていく必要がある。

5 すべての人に文化的に最低限の生活を保障するためには、経済的な豊かさを維持しなくてはならない。

→解答・解説は別冊 P.008

問題7

次の文の主旨として、最も妥当なのはどれか。

　日ごろから練習やトレーニングを欠かさない。日ごろの努力の積み重ねがあって初めて、本番で結果を出すことができます。

　本番ではきちんとやるべきことをやる。緊張したり不安になったりして、やるべきことができなければ、いくら実力があっても宝の持ち腐れに終わります。本番でも練習やリハーサルと同じような状態に自分を持っていき、なおかつやるべきことをすることで、結果がついてきます。

　メジャーリーグのイチロー選手は、結果が出ているときであれ、反対に結果が思わしくないときであれ、いつも決まった時間に球場に入り、決まった練習メニューをこなしています。調子がいいときは軽めに練習して、調子がよくないときはたくさん練習することもありません。

　イチロー選手は、その決められた練習メニューをこなすから結果を出せると考えているのでしょう。

　やるべきことをきちんとできるようにするためには、本番でも無意識にできるようになっていなければなりません。

　何が起こるか分からない本番では、想定外のことが起こり得ます。このとき状況にうまく対応できないと、やるべきことができなくなる恐れがあります。

　やるべきことをきちんとするためには、体に覚えさせるしかありません。それは徹底した練習やリハーサルで身につくのです。練習やトレーニングは、本番でやるべきことを無意識に行うためにするものです。

　練習やトレーニングに本番のつもりで取り組むと、脳に本番で結果を出す回路ができます。本番では、その回路が正しくつながるようになります。

　練習やトレーニングは、「転ばぬ先の杖」でもあります。

1　日ごろの努力の積み重ねがあって初めて、本番で結果を出すことができるのであり、日ごろからの練習やトレーニングは欠かしてはならない。

2　緊張したり不安になったりして、やるべきことができなければ、いくら実力があっても宝の持ち腐れに終わる。

3　メジャーリーグのイチロー選手は、決められた練習メニューをこなすから結果を出せると考えている。

4　やるべきことをきちんとできるようにするためには、本番でも無意識にできるようになっていなければならない。

5　練習やトレーニングに本番のつもりで取り組むと、脳に本番で結果を出す回路

ができ、本番では、その回路が正しくつながるようになる。

➡️解答・解説は別冊 P.009

問題8

特別区 I 類（2016年度）

次の文の主旨として、最も妥当なのはどれか。

　自己を特定の社会的役割や慣習、固定的アイデンティティに基づかせる伝統的社会とは異なり、私たちは、誰もが誰でもない者として自分の周囲を通り過ぎていく社会に生きている。そうした社会に生きる身体は、ファッションに身を包む。ファッションは見られることによって新しいものとして地上に再降臨する。新たに創造されたものは、新しいがゆえに、古いものから切断され、無根拠である。創造することとは、神の世界創造のごとく、無根拠である。あるいは、無意味な行為といってもよい。「新しい」とは過去から切り離されていることである。こうした新しく創造された無根拠なものを地上に普及させることが、ファッションである。ファッションを身にまとう人は、創造されたものを人の目の前に見せ、人の視線を集め、自分を人々の中へと定着させる。それは、すなわち、誕生したものを地上へと定着させること、言い換えれば、養育することである。ファッショナブルな人とは、そうした、いわば誕生と養育とを繰り返し生きる人間である。

　新たな皮膚＝衣服を作り出すとは、新しい生き物を産みだし、育てることである。ファッションは、パーソナリティの心理学者の想像が到底、追いつかないほどに、はるかに深遠な存在論的出来事である。表面は深淵である。

1　私たちは、誰もが誰でもない者として自分の周囲を通り過ぎていく社会に生きており、そうした社会に生きる身体は、ファッションに身を包む。

2　ファッションは、見られることによって新しいものとして地上に再降臨する。

3　「新しい」とは過去から切り離されていることである。

4　ファッションを身にまとう人は、創造されたものを人の目の前に見せ、人の視線を集める。

5　新たな皮膚＝衣服を作り出すとは、新しい生き物を産みだし、育てることである。

➡️解答・解説は別冊 P.010

　　　　　　　　　　　　　　　　　　　　消防官Ⅰ類（2022年度）

次の文章を読んで、以下の問に答えなさい。

　人間が現象を認識しそれを記述するに際しては、ヒトの脳に固有のクセが反映される。ほとんどの人にとっては、自分のクセはクセではなく当たり前なので、そう認識されることはない。多くの人が、ありのままの現象やありのままの自然を記述できると信じ込む理由は恐らくここにある。

　今は亡きカール・ポパーは、反証可能性の有無によって科学と非科学を区分けした。たとえば、「カラスは黒い」という命題は反証可能ゆえに科学的命題である。一羽でも白いカラスが観察されれば、この命題は反証されるからである。それに対し、「明日は雨が降るか降らないかのどちらかである」といった命題や「世界は神が創った」といった命題は反証不能であり、科学的命題ではない。そうポパーは主張した。前者は観察事実とは無関係に常に正しく、後者はどんな観察事実によっても反証されないからである。

　ポパーの考えは「記述」の後の段階においては正しいと私も思う。しかし、問題はそこにはなく、現象から記述を導く所にあるのだ。ポパーは帰納というものは成立しないと述べた。なぜなら観察した百羽のカラスが黒くても、「カラスは黒い」という一般命題は成立しないからである。百一羽目のカラスは白いかも知れないではないか。この議論は一見帰納の不可能性を証明しているように思われるが、実は帰納を前提としている。

　屁理屈のように聞こえるかも知れないが、百一羽のカラスはなぜカラスとわかったのだろう。ライプニッツは「すべての個物は異なる」と述べた。百一羽のカラスはそれぞれ少しずつ異なっていたはずだ。それをすべてカラスだと記述したということは、記述者が個別から一般を帰納したからに他ならない。個別のカラスの中からカラスという同一性を抽象したのである。カラスという同一性が、あらかじめあるという保証は実はどこにもないにもかかわらず、我々はカラスという同一性を措定してしまうらしいのである。我々の脳はそういうクセを持っているのであろう。

問　この文章の要旨として、最も妥当なのはどれか。

1　「カラスは黒い」という命題を科学的に証明するには、できるだけたくさんのカラスを観察し、すべてのカラスが黒かったということを示さなくてはならない。

2　我々が黒い鳥を見た時にそれがカラスであると認識するのは、個別から一般を抽象するというヒトの脳が持つ固有のクセが反映されるからである。

3　ヒトの脳は、たとえばいろいろなカラスを観察した際、これらはすべてカラスであると認める、というような、固有のクセを持っている。

4 カール・ポパーは、「カラスは黒い」という一般命題は証明可能であると述べたが、白いカラスがいる可能性がある限り、それは不可能である。

5 ヒトの脳には、百羽のカラスの中から個別の一羽のカラスを見つけ出すことができるといった、独特の能力がある。

➡️解答・解説は別冊 P.011

....

問題10

消防官 I 類（2022年度）

次の文章を読んで、以下の問に答えなさい。

　本には、情報にはない、メッセージがあります。この社会を生きている（いた）、おじさん・おばさんが命を削り、コストを払って、その本を届けてくれています。著者の人間を通り抜けたメッセージで、そこには価値が含まれています。

　たとえば、ある文学作品があるとしましょう。主人公が、こうなって、ああなった。その作品を、著者はなぜ書いたのか？よくあるストーリーかもしれません。でも、ほんとうによくあるストーリーだったら、わざわざ作品にする必要はないのではないか。

　その著者にとって、いままで読んだことがない、でも自分が生み出した、この世界でたったひとつの大事な作品です。その作品でなければ伝えられないことがあると考えて、書いている。

　さて、作品のなかに、この作品はこういうことを言いたいのです、と説明してありません。説明してしまえば、作品とは言えなくなってしまう。作品を読んだら、自然にわかるようになっている。作品以外のかたちで、伝えられるのなら、作品は書かなかった。

　その作品を読むと、その作品のことがわかる。作品をうみ出した著者や価値観や時代背景についても、いろいろ伝わってくる。作品を前にした私の思いや価値観についても気づかされる。

　文学作品の例をあげました。思想や哲学や、片づけの本でも、別にかまいません。人間はこう生きたらどうだろうという、メッセージが確かにそこにある。

　もっとも、いま、本と情報は、分かちがたく絡みあって存在しています。はっきり区別しにくい。著者も校閲係も、確認のため、ウェブを参照するのですから。

　それでも、本は、情報に還元できない生命をもっています。なぜならそれは、生身の人間が、かたちを変えたものだから。人間と付き合っていくように、本と付き合う。それこそ、「正しい本の読み方」なのです。

問　この文章の要旨として、最も妥当なのはどれか。

1 著者が本を書くのは、この作品ではこういうことを言いたいのだ、と説明したいと考えたからである。

2 本の中にある著者の主張や価値観は説明されてはいないので、ていねいに読み解いて理解する必要がある。

3 文学作品の主人公や登場人物には、著者によって生命が込められているのだから、生身の人間と同じように付き合わなくてはならない。

4 情報とは異なり、本は生命をもっているのだから、人間と付き合うのと同じように、本と付き合うのがよい。

5 かつての本は情報に還元できない生命をもっていたが、いまでは本と情報は分かちがたく絡みあってしまい、生命は失われてしまった。

➡解答・解説は別冊 P.013

問題11

消防官Ⅰ類（2022年度）

次の文章を読んで、以下の問に答えなさい。

　私たちの出発点は、自分自身が「交換可能」な存在であり、「かけがえのない存在」であると感じることができないという「生きる意味の病」であった。そして私たちの到達点は、自分自身で自らの「生きる意味」を創造していく社会である。それはひとりひとりがオリジナリティーのある生き方を獲得する社会だと言ってもいい。

　ここで言うオリジナリティーとは、よく使われるように「他の人と違う」という意味ではない。「君の意見にはオリジナリティーがない」といった言い方は「他の人と同じ」という意味で多く使われるが、それは必ずしも正しくない。オリジナリティーとは何よりもまず「自分自身にオリジン（源）がある」ことである。他人の言うことを鵜呑みにしたり、他人に同調したりして同じことしか言わなければそれは「オリジナリティーがない」ということになるが、私が私自身の「生きる意味」を創造する中で結果的に他人と同じ結論に至るのならば、それは私のオリジナリティーなのだ。

　例えば、「お年寄りを大切にしよう」という発言を、それを言わないと学校の先生に怒られるからと復唱している学生にはオリジナリティーはないが、自分がボランティアに参加したり自分のおじいちゃんとの触れ合いなどからお年寄りに対する気持ちを掻き立てられての発言ならば、それはオリジナリティーのあるものになる。「生きる意味」の創造者としての発言や行動なのか、「生きる意味」を抑圧された者としての発言や行動なのかによって、同じことを言い、行動しても全くオリジ

ナリティーの次元が異なってくるのである。

　私が「交換不可能」であり、「かけがえのない」存在であるということは、他の人とことさらに違うところを探すというわけではない。それは自分自身の人生にオリジナリティーがあるかどうか、自分自身が「生きる意味」の創造者となっているかどうかの問題なのである。

問　この文章の要旨として、最も妥当なのはどれか。

1　自分自身の人生にオリジナリティーがあり、「生きる意味」の創造者であれば、それは私が唯一無二の存在であるということである。

2　他の人の真似をせず、常に他人の人とは違うことを考えるのが真のオリジナリティーであり、それが「生きる意味」につながっていく。

3　「お年寄りを大切にしよう」という発言自体にオリジナリティーはなく、実際にボランティアに参加するなど行動が伴わなければオリジナリティーとは言えない。

4　自分自身で自らの「生きる意味」を創造していくことで、他の人とは違うオリジナリティーのある人間になることができる。

5　自分自身を「かけがえのない」「交換可能」な存在だと感じるためには、「生きる意味」の創造者としてのオリジナリティーを持たなくてはならない。

→解答・解説は別冊 P.014

問題12

次の文章を読んで、以下の問に答えなさい。

　歴史には、「よい歴史」と「悪い歴史」がある。もっと正確に言えば、「よりよい歴史」があり、「より悪い歴史」がある。

　「よい歴史」、「悪い歴史」と言っても、その「よい」、「悪い」は、道徳的価値判断とも、功利的価値判断とも関係がない。歴史は法廷ではない。個人や国家のある行動が、道徳で言って正義だったか、それとも罪悪だったかを判断する場ではない。それがある目的にとってつごうがよかったか、それともつごうが悪かったかを判断する場でもない。歴史家のめざすものは、そんなことではない。歴史家がめざすものは、真実、それも歴史的真実だけだ。

　「よい歴史」とは、結局、史料のあらゆる情報を、一貫した論理で解釈できる説明のことだ。こういう説明が、いわゆる「歴史的真実」ということになる。もちろん、完全な説明、窮極の説明というものはありえない。だから「よい歴史」とは言っても、あくまでも「よりよい歴史」でしかない。

　論理が一貫した説明というのは、だれの立場から見て論理を一貫させるのか、ということが、つぎに問題になる。

　西ヨーロッパ人なら、「神の立場から」と言うだろう。しかし歴史家は神ではない。ここでは、「普遍的な個人の立場」とでも言うしかない。

　いよいよ、最初から言っている命題になるけれども、歴史をつくるのは、結局、個人としての歴史家なのだ。歴史は、それを書く歴史家の人格の産物なのだ。ただし、書く歴史が、一人がてんの独り言に終わらないためには、その歴史家が、豊かな個性を持っていなくてはいけない。神のような全知全能になれ、というのではないけれども、なるべくたくさんの経験を積まなくてはいけない。いろいろな人と、気持ちを通い合わせることができた、と感じるような経験を、たくさん積み重ねなくてはいけない、ということになる。結局、それ以外に、歴史を書く立場というものは、理論上、ありえない。

　だから、たいへんむずかしい要求になるのだが、書く歴史家の人格の幅が広く大きいほど、「よりよい歴史」が書ける、ということになる。そうした歴史家の、世界を包み込むような普遍的な知恵、仏教風に言えば「般若の智慧」があってはじめて、普遍的な歴史になりうる。言いかえれば、歴史家個人が、個性的であることを極限まで追求すれば、普遍的な歴史が可能になる、ということだ。

問　この文章の要旨として、最も妥当なのはどれか。

1　「よい歴史」か「悪い歴史」かを判断するのは、歴史家ではなく、歴史を学ぶ我々ひとりひとりである。

2　歴史家は神にはなれないので普遍的な歴史を書くことはできないが、「よりよい

歴史」なら書くことはできる。

3 歴史家には、「よい歴史」ばかりだけでなく、戦争などの「悪い歴史」であって
も目を背けずに説明する義務がある。

4 歴史とはそれを書く歴史家個人の人格の産物であるから、誰もが納得できる一
貫した論理で解釈することはできず、真実とは言えないものである。

5 歴史をつくるのは個人としての歴史家であり、その歴史家は豊かな個性を持っ
ていなくてはならない。

➡解答・解説は別冊P.016

1

要旨把握

例題

次の文章の内容と合致するものとして、最も妥当なものはどれか。

① 昔の中学校の五年間を寄宿舎で過ごした。**非行少年だったとは思わない**が、よくいたずらをしたから、にらまれていたに違いない。あと半年で卒業というときになって"とんでもないこと"をしでかした。イモを焼いて発覚したのである。農家の畑のイモをとったのが窃盗、校庭の枯草の山に火をつけたのは放火未遂だと発見した先生から言われた。一味五名だが、こちらは最上級生の首謀である。まず退学はまぬがれない、と悪童連が心配してくれた。

② ところがなかなか処分が出ない。どうしたことかと思っていると、ある晩、舎監長からの呼び出し。さてこそ宣告かと思って舎監室に入る。先生はなにも言われずにお茶を入れると上等のマンジュウを出してこられて、食べよと言われた。死刑囚は刑の執行の前に煙草をもらうという話が頭をよぎる。食べる気がしない。先生はご自分で食べて、かさねて食べよとおっしゃった。味はわからなかった。

③ マンジュウをごちそうになっただけで、ひとことも叱られない。廊下を歩いているうちわけもなく涙が出た。泣いて帰った私を見た下級生はさぞひどくやられたのだろうと解釈したようだ。結局、始末書だけで済んだ。その処分が舎監長の捨て身の説得によって職員会議できまった。マンジュウはその晩だったのは卒業後、ほかの先生の話から推測した。**舎監長はうれしくて、ひそかにお祝いをされたかったのだろう。これもこちらの勝手な想像である。** おかげで卒業することができた。

1 私が卒業間近に犯したとんでもない出来事は私の一生忘れられない思い出となった。

2 私は非行少年ではなかったが、窃盗と放火未遂という重罪を犯し、舎監長からひどく叱責された。

3 舎監長は、捨て身の説得が成功した自分へのお祝いとしてマンジュウを食べた。

4 死刑囚が刑の執行前に煙草を貰うように、舎監長は叱責を行う前のお情けとして私にマンジュウを差し出した。

5 私の勝手な想像だが、舎監長は、処分が軽くなったお祝いのつもりで私にマンジュウを差し出した。

POINT 1 形式段落ごとに「イイタイコト」をとらえる

「内容把握」は、本文の内容と合致している選択肢を1つ選べばよい。

まずは、形式段落ごとに筆者の**イイタイコト**（要点）をまとめて、本文全体の内容を把握しよう。例題（出典：外山滋比古『頭の旅』（毎日新聞社））の問題文は、3つの形式段落からなっている。それぞれの形式段落での**イイタイコト**を読み取ると、次のようにまとめられる。

| 形式段落①：旧制中学生の頃、あと半年で卒業というときに、農家からイモを窃盗し、校庭の枯草の山に火をつけて焼いたことが見つかった。 |
| 形式段落②：イモの件の処分を待っていたとき、舎監長から呼び出され、舎監室でマンジュウを食べよとだけ言われた。 |
| 形式段落③：処分が始末書だけで済んだのは、舎監長の捨て身の説得があったからだった。マンジュウはそのお祝いだったのではないか。 |

POINT 2 選択肢を選ぶ

本文の内容をざっととらえたら、いよいよ選択肢に目を向けてみよう。

ここで劇きめる！ ▶ 選択肢への目の通し方

要旨把握とは異なり、本文と合致するのは○の選択肢のみである。ただし、部分的に一致する紛らわしい選択肢もあるので細部まで本文と比較しよう。

| 選択肢1…「私が卒業間近に犯したとんでもない出来事」（＝農家からイモを窃盗し、校庭の枯草の山に火をつけて焼いたこと）は、形式段落①に記述があるが、それが「私の一生忘れられない思い出となった」とは述べられていない。 |
| 選択肢2…「私は非行少年ではなかったが、窃盗と放火未遂という重罪を犯し」という内容は、形式段落①に記述があるが、「舎監長からひどく叱責された」とはどこにも述べられていない。 |
| 選択肢3…舎監長が捨て身の説得をしたことは形式段落③に記述があるが、「自分へのお祝いとしてマンジュウを食べた」とは述べられていない。「舎監長はうれしくて、ひそかにお祝いをされたかったのだろう」とあるが、「勝手な想像」とあり、事実とはいえない。 |
| 選択肢4…形式段落②に「死刑囚は刑の執行の前に煙草をもらう」という記述があるが、舎監長が「私」に「叱責」した事実は述べられていない。 |
| 選択肢5…形式段落③の内容と合致している。 |

よって、正解は**5**となる。

1 次の文章の内容と合致するものとして、最も妥当なものはどれか。

　言葉の皮肉な在り方のひとつに、大げさな言葉はわれわれをあまり感動させず、つつましく発せられたささやかな言葉が、しばしば人を深く揺り動かすという事実がある。

　私は日ごろ詩を書いたり、散文を綴ったりしているが、いずれの場合においても最も難かしいのは、自分が一番力を入れて書こうとしていること、いわば思い詰めて考え、人に伝えたいと思っている一番大事なことをどう表現するかという問題である。強調したいことは最上級の言葉で語りたいと思うのが自然の要求であって、その誘惑は強い。けれども、私たちが採っている最上級の表現というものは、皮肉なことに、たいていの場合は出来合いのものである。概念的で通念によって汚され、ひからびた表現である場合がほとんどである。その例証は政治家たちの用語の中にいくらでも見出すことができる。最も明瞭に人の心に叩きこみたい思いを表現するのには、出来合いの大げさな表現と正反対の方向へむかって道を探さねばならない。すると、その瞬間から、何が最もその場に適した表現であるかについての、闇夜の手探りに似た状態に投げこまれる。通念の次元ならきわめて通りのいい種類の言葉を投げすてた瞬間から、人は常に、最初の一語をどう発するか、という、いつの時代にも変らない表現者の初歩的で究極的な困難に新たに直面しなければならない。

1 ささやかな言葉ほど人を深く揺り動かすことができる。

2 大事なことほど、出来合いの大げさな表現とは正反対の方向で表現を探り出さねばならない。

3 最上級の言葉は、大まかで一般的な共通性は持つものの、人の心に触れることはない。

....

1×　形式段落①では「ささやかな言葉が、しばしば人を深く揺り動かす」とあるが、「ささやかな言葉ほど」とは述べられていない。

2○　形式段落②の8〜10行目に「最も明瞭に人の心に叩きこみたい思いを表現するのには、出来合いの大げさな表現と正反対の方向へむかって道を探さねばならない。」とあるので正しい。

3×　文章中に該当する記述が見当たらない。

POINT

「大げさな」「最上級の」「ひからびた」言葉…あまり感動させない

⇕

「ささやかな」言葉…しばしば人を深く揺り動かす。最も明瞭に人の心に叩きこむ

（出典：大岡信『ことばの力』（花神社）／自衛隊一般書［2019年度］改題）

2 次の文章の内容と合致するものとして、最も妥当なものはどれか。

　言うまでもなく、一八世紀ヨーロッパの特徴は啓蒙主義である。彼らが攻撃目標に定めたのは、キリスト教そのものだった。人間をキリスト教という迷蒙から解放し、人間理性を至上のものとして位置付け、すべてを、人間理性の支配の下に再編成すること、これが「啓蒙」という考え方の根本であった。

　そこから「文明」という概念も誕生した。すでに拙著『文明のなかの科学』（青土社）のなかでも明らかにしたように、「文明」という概念は、啓蒙主義のイデオロギーに裏付けられたものである。神から自立し、神を棚上げし、人間の悟性のみを頼りに、すべての世界構造を再編成しようとするとき、それを達成していない状態は「非文明」であると定義された。「自然」を「自然」のままに放置しておくことは、「野蛮」なことであって、「文明人」の資格に欠けることになる。野蛮な「自然」を「人為」によって矯正することが、「シヴィライズ」であり、それを達成した状態が「シヴィライゼーション」と考えられた。

　ここには、神の被造物としての「自然」への畏敬はすでにない。自然の前の人為の無力さを自覚するような謙虚さもない。あるのは、人間が「主人」であるという意識であり、人間の理性こそがすべてを取り仕切ることができるという傲慢さである。

1　文明という概念は人間理性を至上のものとして位置付け、すべてを人間理性の支配の下に再編成することという「啓蒙」という考え方から生じた。
2　一八世紀のヨーロッパにおける啓蒙主義は、キリスト教を、人間を迷蒙から解放し、人間理性を至上のものと位置づける教えだと考えた。
3　野蛮な「自然」を「人為」によって矯正することが「シヴィライズ」であり、それが集合したものが「シヴィライゼーション」である。

1○　形式段落①の最後に「すべてを、人間理性の支配の下に再編成すること、これが『啓蒙』という考え方の根本であった」と、段落②の冒頭には「そこから『文明』という概念も誕生した」と述べられており、**合致している**。
2×　形式段落①の1～2行目に「彼ら（啓蒙主義）が攻撃目標に定めたのは、キリスト教そのものだった」と述べられているので本文の内容と異なる。
3×　形式段落②の8行目に「それ（「シヴィライズ」）を達成した状態が「シヴィライゼーション」と考えられた」と述べられているため、本文の内容と異なる。

POINT　**イデオロギー**…観念形態。思想傾向　**シヴィライズ**…文明化する
シヴィライゼーション…文明

（出典：村上陽一郎『安全学』（青土社）／自衛隊一般曹［2020年度］改題）

STEP 3 過去問にチャレンジ！

国家一般職（2013年度）

次の文の内容と合致するものとして最も妥当なのはどれか。

　僕たちが生活する環境を形づくるもの、つまり家や床や風呂桶、そして歯ブラシといったようなものは、すべてが色や形やテクスチャーといった基本的な要素から構成されていて、それらの造形はオーガニゼーションへと向かう明晰で合理的な意識にゆだねられるべきである。そういう発想がいわゆるモダニズムの基本であった。そしてそういう合理的なものづくりを通して人間の精神の普遍的なバランスや調和を探ろうとすることが、広い意味でのデザインの考え方である。言い換えれば、人間が暮らすことや生きることの意味を、ものづくりのプロセスを通して解釈していこうという意欲がデザインなのである。一方、アートもまた、新しい人間の精神の発見のための営みであるといわれる。両者とも、感覚器官でキャッチできる対象物をあれこれと操作するいわゆる「造形」という方法を用いる。したがってアートとデザインはどこが違うのかという質問をよく受けることになる。《中　略》

　アートは個人が社会に向き合う個人的な意志表明であって、その発生の根源はとても個的なものだ。だからアーティスト本人にしかその発生の根源を把握することができない。そこがアートの孤高でかっこいいところである。もちろん、生み出された表現を解釈する仕方はたくさんある。それを面白く解釈し、鑑賞する、あるいは論評する、さらに展覧会のようなものに再編集して、知的資源として活用していくというようなことがアーティストではない第三者のアートとのつきあい方である。

　一方、デザインは基本的には個人の自己表出が動機ではなく、その発端は社会の側にある。社会の多くの人々と共有できる問題を発見し、それを解決していくプロセスにデザインの本質がある。問題の発端を社会の側に置いているのでその計画やプロセスは誰もがそれを理解し、デザイナーと同じ視点でそれを辿ることができる。そのプロセスの中に、人類が共感できる価値観や精神性が生み出され、それを共有する中に感動が発生するというのがデザインの魅力なのだ。

1　アートもデザインもいわゆる「造形」という方法を用いるが、造形はオーガニゼーションへと向かう明晰で合理的な意識にゆだねられるべきである。

2　アートもデザインも感覚器官でキャッチできる対象物を操作することで生み出されるものであるが、前者はその発生の根源が個的なものであり、後者はその発端が社会的なものである。

3　デザインとは、人間が暮らすことや生きることの意味をものづくりを通して表現することであり、そこに個人的な意志表示を入れるべきではない。

4 アートを面白く解釈し、鑑賞あるいは論評するためには、アーティストがどのように社会と向き合ってきたかなど、そのアートが生まれた背景を把握する必要がある。

5 デザイナーは、人類が共感し、感動できるような価値観や精神性をデザインのプロセスにおいて表現しなければならない。

➡解答・解説は別冊 P.017

問題2

裁判所職員（2016年度）

次の文章の内容に合致するものとして最も適当なものはどれか。

　色が感覚だというのならば、誰も見ていないところでは物は色をもたないことになる。例えば、いま我が家の居間には誰もいない。居間に一輪の赤いバラが飾られているとしよう。だが、誰も見ていないのであれば、それは赤くないということになる。私がそこに行き、そのバラを見るとき、それは赤くなる。そして私が目をそらせばそれは赤さを失う。だが、これはいかにも奇妙ではないだろうか。誰が見ていなくとも、赤いバラは赤い色をしている。無色の世界が私の心に色感覚を引き起こすのではなく、世界そのものが色に満ちている。私はそう考えたい。

　では、暗闇でバラはなおも赤いのだろうか。色が物の性質ならば、暗闇でも赤いバラは赤いと考えねばならないように思われる。しかし、ここで私はひっかかるものを感じていた。いっさいの光を奪われた真の暗闇、その中でもバラは赤いのか。宇宙船が轟音とともに爆破される映画の一シーンがあったような気もするが、暗闇のバラが赤いと考えることにおいて、私はそれと同じまちがいを犯しているのではないか。言わずもがなのことであるが、真空中では音は伝わらない。離れたところにいるかぎり、いくら耳を澄ましても宇宙船は無音のままに爆発する。しかし、うっかりすると私たちは想像の世界で宇宙空間が真空であることを忘れる。同じように、私は暗闇のバラを想像するときにそこに光がないことを忘れているのではないか。

　こうして私は、暗闇ではバラは赤くないのだという考えに傾いた。冷蔵庫に入れたトマトは赤くないのであり、冷蔵庫から出したときにそれは赤くなる。しかし、それはつまり、色が物の性質ではないということなのではないか。光があろうとなかろうと、物そのものに変化はない。しかし、光がなければ色は失われる。ならば色は物の性質ではない。色はあくまでも、物から光が反射して、それによって主観の内に引き起こされる感覚なのではないか。そしてそうだとすれば、誰も見ていないところではバラは赤くないということになる。だが、そうは考えたくない。

　というわけで、私は困っていたのである。

　そんなことがどうにも頭にひっかかっていたある日、私は虹のことを思った。そのとき私の困惑は晴れたのである。光がなければ虹はできない。だが、だからと

いって虹が心の中にあるなどと考えるひとはいない。虹は世界の中にある。光は虹が世界の中に存在するための条件の一つなのである。色も同様ではないか。光は主観の内に色感覚を引き起こすための条件ではなく、虹の場合と同じく、色が存在するための条件なのだ。だから、誰が見ていなくともバラは赤いのだが、暗闇ではバラはもはや色を失うのである。

　だが、光がなくなったからといって物の性質が変化するというのは変じゃないか。私はここでもう一歩先に進んだ。あ、そうか。色は感覚でも物の性質でもないんだ。それは音のようなあり方をしている。音は振動する媒体がなければ存在しない。しかし、だからといって音は心の内にあるのではなく、世界の内にある。雷鳴は心の中ではなく世界の中のある場所で響いている。雷鳴は物の性質ではなく、世界の中で生じたできごとである。色もそうなのだ。色は、感覚でも、物の性質でもなく、世界の中に生じたできごとなのだ―。

1　人間の外部にある世界は無色で、人間が外部を観察するたびに人間の内部に色感覚が引き起こされるという考え方は、一般には広く受け容れられている。

2　色が感覚ならば誰もいない暗闇では赤いバラも無色であるが、色が物の性質ならば暗闇でも赤いバラは赤い。

3　真空中では音源があっても音が伝わらないように、暗闇の中では光源があっても光が伝わらないので、暗闇の中のバラは色をもつことができない。

4　光は、主観の内に色感覚を引き起こすだけではなくて、虹を世界に存在させるように、色が存在するための条件としても重要である。

5　色は、各人の心の内にある感覚でもなければ物に固有の性質でもなくて、世界という共同体が全体として認識するできごとである。

➡解答・解説は別冊 P.018

問題3

国家一般職（2014年度）

次の文の内容と合致するものとして最も妥当なのはどれか。

　一般に方法が議論の対象となるとき、「どんな方法が用いられているか」が問われることはあっても、「方法とは何か」が問われることはほとんどない。なぜか。答えは簡単である。われわれが方法という語に慣れ親しんでしまっているからだ。われわれは方法という語を用いるとき、なんらかの共通了解のうえに立ってしまっているのに、この語があまりに身近であるため、それを意識することがない。そして「どんな方法が用いられているか」というこのありふれた問いこそは、方法をめぐるこの共通了解をわかりやすく表現したものであるだろう。それによれば方法とは用いるものである。だから、内容の研究と史的研究が終わった後で行われるべきは方法の研究であると断言できるのである。あたかも、あらゆる哲学者は歴史的影響を背景としながらおのれの思想内容を、あらかじめ用意された一定の方法を用いて取り扱っていると考えるのが当然であるかのごとくに。「どんな方法が用いられているか」という問いを発した時点で、われわれはすでに方法に関するひとつのイメージを受け入れてしまっている。このような「通俗的理性のひそかな判断」（カント）こそが問い直されなければならない。

1　われわれは、「どんな方法が用いられているか」という問いを発した時点で、方法についてなんらかの共通了解のうえに立ってしまい、「方法とは何か」を問うことはほとんどない。

2　一般に方法が議論の対象となるとき、「方法とは何か」という問いは、「どんな方法が用いられているか」という問いに常に優先する。

3　「方法とは何か」という問いは、われわれが方法に関してひとつのイメージを共通了解として受け入れてしまっていることをわかりやすく表現したものである。

4　「どんな方法が用いられているか」というありふれた問いは、われわれが方法について完全に一致した共通了解を有し、それを意識していることを示すものである。

5　われわれが「どんな方法が用いられているか」を意識して研究を行うためには、「通俗的理性のひそかな判断」を問い直す必要がある。

➡解答・解説は別冊 P.019

次の文章の内容に合致するものとして最も妥当なものはどれか。

　人類はおよそ七〇〇万年前に誕生しましたが、現在まで生き残っているのは「ホモ・サピエンス」ただ一種類だけです。現生人類であるホモ・サピエンスは二〇万年前に誕生したと言われていますが、それ以外にもネアンデルタール人と呼ばれる「ホモ・ネアンデルターレンシス」や、北京原人として知られる「ホモ・エレクトゥス」など、私たちとよく似たヒトが多数存在していました。

　類人猿にはチンパンジーやゴリラ、ボノボ、オランウータンと複数の種が存在しているのに、なぜか人類の場合はホモ・サピエンスしか生き残れませんでした。我々と類縁の他の種はすべて絶滅してしまったという人類学的な現実があります。

　現生人類が言語能力を獲得したのは、今から五万年前とも七万五〇〇〇年前とも言われています。これには諸説あり、さらに考古学という分野は新しい発見があるとこれまでの記述ががらりと変わってしまうので、絶対的な真実とは言えませんが、ここではひとまず七万五〇〇〇年前としておきましょう。

　人類の言語獲得を証明するのは、地層から出土した遺物です。七万五〇〇〇年前よりも古い地層から出てきた出土品と、それより新しい地層から出てきたものとでは、明らかに違っていました。その違いをもたらしたのが言語を獲得するための能力だと考えられています。七万五〇〇〇年前よりも古い地層からは、狩りのために使った矢じりや、肉を切るための石器といった、一目見て用途がわかるものしか出土していません。

　ところが、七万五〇〇〇年前に現生人類が住んでいたとされる南アフリカのブロンボス洞窟からは、何に使っていたのかすぐにはわからない幾何学模様が刻まれた土片（オーカー）が二〇〇〇年に発見されています。さらに二〇〇四年には、同じ洞窟の地層からアクセサリーのようなビーズ状になった巻貝が多数発見されました。用途のわからないもの、それらはひと口に言えば、「アート」としか呼びようのないものでした。

　人が会話を行うには複雑な文節言語を使いこなさなければならず、そのためには物事を象徴化・抽象化する能力が必要です。実用的ではないものを作製したことは、人類が「象徴機能」を身に着けた証とされています。

　言葉とは、すなわち「現実にはないもの」を記号に置き換えて表現することです。そのような働きを「象徴機能」と言います。この能力がなければ、単純な感情伝達はできるかもしれませんが、複雑な会話を行うことは不可能です。

1 現生人類は言語を獲得したことによって、類人猿にはないと思われる象徴化、抽象化する能力を持つようになった。

2 人類が「象徴機能」という能力を獲得したのを七万五〇〇〇年前と考えることについては、地層から出土した遺物が証明してくれる。

3 人類がなぜ言語を獲得できたかに諸説あるのは、地層から出土した遺物についての考古学での解釈が複数あることによる。

4 現生人類が言語を獲得したのは、使用用途がわかりにくいものから、使用用途がわかる実用性のあるものを作製することができたからである。

5 ホモ・サピエンスによく似たヒトが多く存在していた中で、現生人類であるホモ・サピエンスだけが生き残れたのは、言語能力を獲得できたからである。

➡解答・解説は別冊 P.020

解答・解説は別冊 P.020

問題5

国家専門職（2019年度）

次の文の内容と合致するものとして最も妥当なのはどれか。

　アメリカの原住民のいくつかの社会の中にも、それぞれにちがったかたちの、静かで美しく、豊かな日々があった。彼らが住み、あるいは自由に移動していた自然の空間から切り離され、共同体を解体された時に、彼らは新しく不幸となり、貧困になった。経済学の測定する「所得」の量は、このとき以前よりは多くなっていたはずである。貧困は、金銭をもたないことにあるのではない。金銭を必要とする生活の形式の中で、金銭をもたないことにある。貨幣からの疎外の以前に、貨幣への疎外がある。この二重の疎外が、貧困の概念である。

　貨幣を媒介としてしか豊かさを手に入れることのできない生活の形式の中に人びとが投げ込まれる時、つまり人びとの生がその中に根を下ろしてきた自然を解体し、共同体を解体し、あるいは自然から引き離され、共同体から引き離される時、貨幣が人びとと自然の果実や他者の仕事の成果とを媒介する唯一の方法となり、「所得」が人びとの豊かさと貧困、幸福と不幸の尺度として立ち現れる。（豊かさと貧困の近似的な尺度として存立し、幸福と不幸の一つの基礎的な次元として成立する、というべきだろう。）

　人はこのことを一般論としてはただちに認めるだけでなく、「あたりまえ」のことださえいうかもしれない。けれども「南の貧困」や南の「開発」を語る多くの言説は、実際上、この「あたりまえのこと」を理論の基礎として立脚していないので、認識として的を失するだけでなく、政策としても方向を過つものとなる。

　1日に1ドル以下しか所得のない人が世界中に12億人もいて、75セント以下の「極貧層」さえ6億3000万人もいるというような言説は、善い意図からされることが多いし、当面はよりよい政策の方に力を与えることもできるが、原理的には誤っているし、長期的には不幸を増大するような、開発主義的な政策を基礎づけてしまうことになるだろう。巴馬瑤族の人たちもアマゾンの多くの原住民も、今日この「1日1ドル以下」の所得しかない12億人に入っているが、彼らの「所得」を「1ドル以上」とするにちがいない政策によって、幸福のいくつもの次元を失い、不幸を増大

する可能性の方が、現実にははるかに大きい。（視える幸福とひきかえに視えない幸福の次元を失い、測定のできる幸福とひきかえに測定のできない幸福の諸次元を失う可能性の方が大きい。）

1 人々が金銭を必要とする生活の形式の中にあってはじめて、貨幣からの疎外という貧困の概念が生まれる。

2 豊かな社会においては、貧困の概念に捕らわれず、静かで美しい自然の中で、伝統的な共同体を維持することができる。

3 開発主義的な政策は、当面の経済的な発展において有効であるだけではなく、長期的な発展にも資する必要がある。

4 「所得」が人々の豊かさや幸福の尺度として存立すると、貨幣を媒介としてしか豊かさを手にすることができなくなる。

5 経済学の測定する「所得」の量は、人々の豊かさと貧困、幸福と不幸の尺度として普遍的に成立している。

➡解答・解説は別冊P.022

問題6

国家一般職（2018年度）

次の文の内容と合致するものとして最も妥当なのはどれか。

　近代的自我の文学の到達点であるプルーストの小説は、あの目ざめの「最初の瞬間」、「自分が誰であるかを知らず、何者でもなく、新しく、何にでもなれる状態にあり、脳はそれまで生きてきたあの過去というものを含まず空虚になっている」そのような瞬間からくりかえしはじまっている。

　　死への抵抗、長い、毎日の、必死の抵抗……しかもその死は、断片的、継起的な死であって、われわれの一生の全持続にわりこむ。〔『花咲く乙女たちのかげに』〕

　われわれの人生の持続にわりこむ死、「断片的、継起的な」死とはどういう死なのだろうか。それは瞬間ごとにわれわれの実存を帰無し、次の瞬間には見知らぬ他者をわれわれの内に生みだすかもしれないような死だ。

　「われ信ず」「われ思う」「われ感ず」ということは近代世界の熟成してゆくそれぞれの世紀において、人間が自分自身の存在感、実存のリアリティをとりもどすために要請し、発見してきた条件法であった。それらはけっして観念の中の小理屈ではなく、それぞれの時代の人びとにとって、なまなましく強迫的な条件法であったということが、まず理解されねばならない。これらの生きられる条件法の基礎にあ

るものは、カルヴァンからデカルトを経てプルーストに至る近代的自我の全歴史につきまとってきたひとつの〈おびえ〉、ひとつの不信、ひとつの喪失、あるいは疎外の感覚である。

　彼らの存在感は、たえずあらたに風を送らねば消えはててしまう炎のように不安定なものだ。信仰や思惟や感覚は、このような炎をたえずよみがえらせる生命の風のさまざまなかたちに他ならない。これらの時代の内部の人びとが自己の存在証明のために、これらさまざまな条件法をその主題として追求してきたことは当然であるが、近代をその総体として問題とするわれわれにとって、主題は反転されねばならない。それぞれの世紀の〈解決形態〉の底にある問いそのものの場を問いかえすということ、すなわち、これらの条件法なしには主体が持続する実在感をもちえぬという、時間と自我との双対的な解体感自体がまず主題化されねばならない。

1　プルーストの小説は、近代の人々が何者でもないという目覚めの瞬間を繰り返し、それまで生きてきた過去を捨て去るという状態を描いたことで、近代的自我の文学の到達点となった。

2　人生の持続に割り込もうとする死に対し、人々が必死に抵抗するのは、死によって自分が永遠に実存しなくなり、見知らぬ他者に取って代わられるというおびえがあるためである。

3　近代世界の人々は、不安定な自分自身の存在感を取り戻すため、それぞれの時代において自分の存在を証明するような信仰・思惟・感覚における条件法を求めてきた。

4　「われ信ず」という信仰上の強迫的な教えは、近代世界が熟成するとともに疎外の感覚を募らせた人々によって否定され、「われ感ず」という感覚上の解決形態に置き換えられた。

5　主体が持続するための条件法が、それぞれの時代において観念の中の小理屈ではないことを理解することによって、我々は近代をその総体として問題とすることができる。

➡解答・解説は別冊 P.023

次の文の内容と合致するものとして最も妥当なのはどれか。

　台所は、ヒトが、植物や動物を、みずからの胃や腸で消化しやすいように、火と水と刃物を用いて形態を変化させる場所である。田畑、牧場、畜舎、漁場、森林とならんで、ヒトが他の生物を制圧する主戦場にほかならない。刻々と複雑な化学的および物理的変化を遂げる植物や動物をまえに、ヒトは、別の動植物やその加工品を加えることで、味覚を刺激する消化しやすい食べものを作り上げる。無数の変数の存在するこの技術は、各家庭、各共同体で、代々、口頭で伝承されてきた。

　この技術は、調理術（コツホクンスト）と呼ばれ、しばしば別の芸術（クンスト）と並び称されることもある。つまり、生活と美の交点に位置するものでもあるのだ。視覚、嗅覚、味覚、聴覚、触覚という五感に快楽をもたらす調理術が美学的な課題であることは、なかなか意識されにくいが、けっして看過できないだろう。だが、調理は、絵画や音楽のように、数カ月、場合によっては数年かけて完成され、それから半永久的に鑑賞される芸術ではなく、一日二回から三回「製作」されては、すぐに消費される、反復の多い「芸術」であった。それゆえ、口伝の媒体となった共同体と家族のタガが産業の発展によって徐々にゆるみはじめ、文字社会が社会の隅々まで普及しはじめたとき、調理術のマニュアルであるレシピと、それをまとめたレシピ集が登場するのは、きわめて自然な流れだったといえよう。

　レシピは、人間の食欲を満たすために、自然から口に至る食の旅の最終段階で自然を制圧する——もっと言えば自然を消化する方法について書かれた食の設計図である。レシピに各食材の種類と量や火にかける時間を記すことによって、測定不可能な調理という芸術世界を、文字と数字で再現したものの、もちろんレシピだけでは、依然としてその世界の深遠さは表現できるものではなかった。

　この深遠さを表現するために、さまざまな科学者が実験し、考察を重ねた。化学者のリービッヒは、肉のエキスを抽出する過程で、うまみの成分が一定の化学物質に由来することを突き止めた。そこから、食は、化学式によっても表現されるようになる。調理術の世界において、栄養学が徐々に幅を利かせるようになっていくのである。

　とくに栄養学は、ヴィタミンという物質に並々ならぬ執着をみせた。体の調整にとって必要不可欠なヴィタミンの摂取は、ヴィタミンが不足する患者たちの治療にきわめて有効であり、そのことは必然的に肉食文化が栄える近代世界の住人にとっても朗報であったことは間違いない。食を偏った方向へと進めていく産業社会の力に直面した栄養学は、栄養素のバランスを考えよ、と訴え、それに抗おうとすることさえ可能であっただろう。この意味で、栄養学は、自然とのつながりを調理の芸術家たちに再び意識させるきわめて意義深いものであった。化学物質は、自然と人間が否応なくつながっていることを突き付けるための説明道具としては、極めて有効なものだからである。

1 ヒトは、刻々と変化を遂げる動植物を制圧するために台所を作り上げたが、こうした歴史的背景ゆえに、台所は、無駄な装飾が排除された調理のためだけの空間となった。

2 調理は、半永久的に鑑賞される絵画や音楽とは異なり、完成物がすぐに消費されてしまう「芸術」であるが、それゆえに、身近な「芸術」として親しまれてきた。

3 口伝により受け継がれてきた調理術は、次第にレシピ集にまとめられるようになったが、レシピだけでは、測定不可能な調理という芸術世界の深遠さを表現することはできなかった。

4 レシピ集の普及に伴い調理への関心が高まった結果、多種多様な調理術の画一的な表現が要請されるようになり、こうして注目を集めた栄養学が徐々に幅を利かせるようになった。

5 栄養学は、自然とのつながりを軽視する産業社会の圧力に抗うために、肉食を離れて栄養素のバランスを保つことが、患者の治療や体の調整に必要不可欠であることを強調した。

➡解答・解説は別冊 P.024

問題8

次の文の内容と合致するものとして最も妥当なのはどれか。

　教室にはたいてい黒板の類がある。その近くには、ほとんどの場合、教卓が置かれている。こちらが、この部屋の「前方」である。そこに立つ人（すなわち「教師」）が、「前を向きなさい」と指示した場合、どちらを向けばよいのか。このような問いかけに、ほとんど自動的にそこにいる人びとの身体が反応するほど、教室という空間の特徴は、空間の向きを自明のものとして特定している。

　このようにして部屋の向きが決まる。その部屋にいる「教師」以外の他の多数の人びと（すなわち「生徒」）は、「前」を向いて、「教師」に対面する。黒板、教卓、机、椅子、そして壁という物理的な資源の並び方、置かれ方に特定の形式をもつ教室空間の特徴は、そこにいる人びとに対して、どこが自分の占めるべき場所なのかを、暗黙のうちに示し、そこにいることを強制している。

　このような配置は、そこで行われるコミュニケーションが、前方から後方へという流れを中心に行われることを前提にしている。いいかえれば、黒板の前に立つ人が、メッセージを発する中心であり、その人物に向かい合う複数の人びとは、その受け手である。こうした関係は、教室の空間的な特徴によってあらかじめ決められている。

　「前を向きなさい」という発話が、＜教師の話を聞きなさい＞とか、＜黒板に書いたことに注目しなさい＞といった特定の意味を帯びるのも、このような教室空間の特徴によっている。「前」に立つ人が発するメッセージを、「後」にすわっている人びとが受け取る。教室空間の特徴は、そこでどのようなスタイルのコミュニケーションが行われるのかを前提につくられているのであり、逆にいえば、教室の空間的特徴によって、そこに置かれた人びとのコミュニケーションのあり方に特定のかたちが与えられるということである。

　一人の大人が、複数の子どもを相手にメッセージを発し、そのメッセージを子どもたちは、集団として一斉に受け取る。このようなコミュニケーション・スタイルは、多少のバリエーションをもちながらも、私たちが通常慣れ親しんでいる教育という営みの基本的な形式を示している。ひとつの社会がつぎの世代に継承すべき文化を伝達する。若い世代が将来社会の成員として必要になる知識や行動の様式を身に付けさせる。このような目的で行われる、世代間のコミュニケーションのあり方のひとつの様式として、学校の教室という空間では、先に述べたような形式のコミュニケーションが遂行される。

1 教師が「前を向きなさい」と指示した場合に、生徒が黒板の方を向くのは、教師が教室の「前方」にいることが暗黙の前提となっているからである。

2 黒板、教卓、机、椅子などの並び方や置かれ方によって、教室の空間的な特徴は様々なスタイルを持ち、特定の意味を帯びてくる。

3 「前を向きなさい」という教師の発話は、教室以外では、＜教師の話を聞きなさい＞や＜黒板に書いたことに注目しなさい＞といった意味を持たない。

4 教室で行われるコミュニケーションが、前方にいる教師から後方にいる生徒へという特定の形を持つのは、教室の空間的な特徴によっている。

5 教育は、世代間コミュニケーションの一つの様式であり、子どもと大人が向かい合うという教室の空間的特徴によって、文化を伝達しやすくなっている。

➡解答・解説は別冊 P.025

問題9

国家一般職（2016年度）

次の文の内容と合致するものとして最も妥当なのはどれか。

　非線形世界をくまなく探るには限界がある。二点間を結ぶ曲線は無数にあるから、いったん非線形性を許容してしまうと無限の可能性があり、それを全部調べ尽くさないと理解できたことにはならないからだ。しかし、人間が研究を行えるのは部分であり、それだけですべてを代表させることができないのも事実である。私たちは、非線形世界に足を踏み入れられるようになったが、その広大さ、奥深さに圧倒されている状態と言えるだろう。従来から推し進めてきた科学の方法に大きな限界を感じざるを得ない、というのが現状なのではないだろうか。

　従来から推し進めてきた科学の方法とは「要素還元主義」のことである。ある現象を目の前にしたとき、その系（システム）を部分（要素）に分け、あるいはより根源的な物質を想定し、それらの反応性や振る舞いを調べて足し合わせれば全体像が明らかになるという手法のことだ。部分の和が全体であり、より根源的な世界では法則はより純粋で単純に立ち現れると考えてきた。そして、原因と結果は一直線で結ばれる、とも。この方法は見事に成功し、ほとんどの科学はこの方法に準拠していると言っても過言ではない。実際、近代科学が成立して以後、科学は要素還元主義でわが世の春を謳歌した。科学は因果関係について明快な答えを出してくれる、という現代の科学信仰の源泉はここにある。

　要素還元主義が成功したのは、すべての過程を線形に帰着させることによって問題を簡明化し、その範囲で威力を発揮できたためである。別の言い方をすれば、線形として扱える範囲の問題に限り、非線形の問題は「複雑系」として後回し（当面は取り扱わない）としてきたのだ。科学は成功した顔だけ見せて、成功しない部分は頬かむりしたとも言えよう。しかし、現実に私たちが当面する問題の多くは非線形が重要な役割を果たしている。とはいえ、それはなかなか解けないから、脇においておくしかない。ここにおいて、万能ではない科学をどう考えるのかが問われることになった。

1 非線形世界をくまなく探るには、根源的な物質を想定し、それらの反応性や振る舞いを調べて足し合わせることで全体像を明らかにしていく必要がある。

2 ある現象の系（システム）を部分（要素）に分けていく科学の方法は、人間が研究を行えるという点において、非線形世界を探る方法とは異なる。

3 私たちが当面する問題の多くは非線形が重要な役割を果たしており、全ての過程を線形に帰着させてきた要素還元主義には、大きな限界があるように感じられる。

4 原因と結果が一直線で結ばれると考える要素還元主義は、私たちが科学に対して、因果関係について明快な答えを出すことを期待したために成功した。

5 非線形の問題を後回しにしてきた科学は、非線形が重要な役割を果たしていることが明らかになったことで、私たちの信仰を失った。

➡解答・解説は別冊P.027

問題10

国家一般職（2015年度）

次の文の内容と合致するものとして最も妥当なのはどれか。

　教養に関することを何か書くようにとの依頼があったが、私ども自然科学を専門とする人間にとっては、教養などという漠然たる題目は大変苦手である。今日の自然科学中でも理論物理学のごときはちょっと見ると非常に抽象的で、数学や哲学などとたいした逕庭*がないようであるが、実際物理学者が理論を構成していく際には、具体的な自然現象の一群が絶えず念頭を去来しているのである。空に物を考えることは、物理学者にとって苦痛であると同時に危険でもある。

　ところで教養という言葉も、やはり何か定まった対象に関する知識の修得を意味しているではあろうが、その対象が何であるかはむしろ従であって、知識の修得によって、個々の知識以外に何かよきものを得る、自分自身の中によき変化をもたらし得るというところに主眼点があるのであろう。元来自然科学に関する書物は、「何」という対象の闡明に重きを置き、読者がこれを通読することによって必要な知識を得ることが出来れば、それで目的の大半は達せられたことになる。この意味でそれらが多かれ少なかれ教科書ふうに書かれているのは当然の事であるが、特別の必要がなく、単に教養を得ようという漠然たる気持で読む人々にとっては、それが必ずしも適当でない場合が多いのである。とくに邦文の自然科学書では、教科書の程度を超えて個性の著しいものは、わりあいに少ないように思われる。これは一つには科学知識の普及がまだじゅうぶんでないために、読者に多くの予備知識を要求することが困難で、いきおい初等的な部分に多くのページ数を費やさねばならな

くなるというような事情によるであろう。しかし同じ程度の類似した内容を有する書物でも、著者の態度いかんによって、読者の受ける感銘に非常な差を生ずることも珍しくないのである。とくに著者自身が研究した部門に関する知識は、著者の人間の中にじゅうぶんに浸透しているから、読者もまた書物に書かれている言葉を通じて、知らず知らずの間に著者の人間に接し得るであろう。これに反して、著者自身言わんと欲するところがあるわけでなく、ただ他の学者の研究の紹介に止まっているような場合には、読者は同じ言葉に対しても、単にこれを知識として受け取るに過ぎないことになりやすい。この意味において、ある自然科学書が真に一般人の教養に役立つか否かは、主として著者の心構えとか気魄とかが、その内容を通じて感得せられるか否かにあると思われる。

(注)＊逕庭：二つのものの間にある隔たり

1　物理学者が理論を構成していく際には、具体的な自然現象の一群が絶えず念頭を去来しており、このことは、教養のような漠然とした題目について考える際にも当てはまる。

2　教養は知識の修得を意味する言葉であり、しかも実用性が求められることから、知識の修得の対象が何であるかというところに主眼点がある。

3　自然科学に関する書物は多かれ少なかれ教科書ふうに書かれているため、予備知識のない読者が漠然と読むことで、教養を修得することができる。

4　同じ程度の類似した内容を有する書物でも、読者の受ける感銘に非常な差が生じるのは、著者の人間性よりも伝えるべき知識が分かりやすい言葉で伝えられているかどうかによる。

5　自然科学書の中でも、著者自身の研究分野に関する著作は、その内容を通じて著者の心構えや気魄が感得せられ、一般人の教養に役立つだろう。

➡解答・解説は別冊 P.028

問題11

次の文の内容と合致するものとして最も妥当なのはどれか。

　近年、政治が「決められない」ことが問題になっています。あるいは、決めたとしてもうまく効果が出ないことが問題とされている。その要因はいろいろありますが、最大のものがグローバル化した市場にあると言っていいでしょう。経済のグローバル化が進む中で、主権国家の有効性が相対化されているのです。なぜなら、経済については国際的な取り決めが多く、一国で勝手に決められる範囲がほとんどないのです。また、一国内で何らかの制度をつくって市場を規制しようとしても、その効果は限られています。カネやモノの流れをとどめることはできません。それぞれの国が主権によって通貨をつくっているわけですが、通貨の価値はグローバル市場で決まり、各国の中央銀行が左右することはほとんどできません。

　そもそも市場は国境に制限されるものではなく、交換は地表全体に広がりうるものです。産業化が始まったときからすでに潜在的には経済はグローバル化していましたが、誰の目にも明らかになったのは冷戦終結後です。近代においては国民国家ごとの経済単位、つまり国民経済が想定されていましたが、もはやその中で経済が完結することはなくなりました。国境を越えた交換活動のほうが主要になってしまったのです。そのため、ある国の主権的な決定が大きな意味をもたなくなりました。

　主権国家の権力は、かなりの程度、陳腐化しています。これはいいとか悪いとかいうことではなく、現にそうなっているということであり、まずはそのことを意識すべきだと思います。しかし、それを受け止めきれず、権力はあくまでも主権的な中心から放出されるものである、あるいはそうであるべきだという考え方は非常に根強い。権力といえば国家権力であり、経済より何より法が優先するという考えにしがみついているために、主権国家が相対化されつつある現状が正しくとらえられていません。

　もし、あらゆる問題を国境線の中に閉じ込めて、主権的な権力で左右できるようになれば、物事がすっきりするでしょう。実際、そのことへの欲望は非常に強まっていますが、それは所詮、無理な願望なのです。経済が国境線を越えてしまう以上、経済ナショナリズム、つまり国民という群れの中に市場を閉じ込めようとすることも現実的ではありません。

1　近年、政治が「決められない」ことの要因の一つは、国家権力は他の何よりも優先されるべきだという考え方が根強く残っていることである。

2　国の主権的な決定が大きな意味をもたなくなったため、通貨の価値はグローバル市場で決まるようになり、各国の中央銀行により左右できる余地が広がった。

3 市場は国境に制限されるものではなく、経済が国境線を越えてしまう以上、一国内で何らかの制度をつくって市場を規制しようとしてもその効果は限られている。

4 経済についての国際的な取り決め全てを把握することで初めて、主権国家が相対化されつつある現状を正しくとらえることができる。

5 あらゆる問題を国境線の中に閉じ込めて、主権的な権力で左右できるようにすれば、経済のグローバル化を止めることができるが、これは現実的ではない。

➡ 解答・解説は別冊 P.029

問題12

国家総合職（2014年度）

次の文の内容と合致するものとして最も妥当なのはどれか。

　水は凍ったときに初めて手でつかむことが出来る。それはあたかも人間の思想が心の中にある間は水のように流動してやまず、容易に捕捉し難いにもかかわらず、一旦それが紙の上に印刷されると、何人の目にもはっきりした形となり、もはや動きの取れないものとなってしまうのと似ている。まことに書物は思想の凍結であり、結晶である。

　自分の平素考えたこと、書きしるしたことが活字となり、一冊の書物となるごとに、私はこのような感懐を新たにするのである。自分の著書でありながらその中に固定せられている思想は、何か自分のものでない、他所事のような錯覚を起こすことさえある。それほどでなくても、現在自分の胸中を去来する思想に比べると、すくなくともある時間の隔たりを認めざるを得ないのである。それに伴って、現在自分の中に生きている思想をもっと忠実に表現してみたいという強い要求を感ずる。ところがその結果が新しい書物の形を取って外部に現われる頃には、内部の思想はさらに違った方向に進んでしまっているのが常である。これはしかし、思想の進歩や成長がやまぬ限り、のがれ難い運命であろう。

　これを反面から見るならば、自分の思想が書物の形において一応固定せられたが故に——頭の中で浮動している間は曖昧であった——長所や短所がはっきりと明るみにさらされることとなるのである。それはもはや自分一人の私有物ではなく、万人の共有物として、さまざまな批判検討を受けなければならぬこととなる。そしてそれ故にこそ、著者自身にとっては、さらに前進するのに最も都合よい基地となるのみならず、他の多くの人達の心にも新鮮な栄養となり、強い刺戟を与え得るのである。

　書物が思想の結晶であるならば、書物の題名こそはさらにその全内容の結晶する核であるといい得るであろう。いうまでもなく書物の表題から、ただちにその内容をある程度まで窺知し得る点に、表題の存在の意義がある。それどころではない。

著者の心の中に湛えられている微妙な気持をさえも、題名からくみ取り得るのである。

1 自分の思想を書物として著すことは、活字となる前は曖昧だった思想が明るみにさらされ、自らの思想が万人の共有物としてさまざまな批判検討を受けなければならなくなることを意味する。

2 自分の著書の中に固定されている思想と現在自分の胸中を去来する思想には時間の隔たりを認めざるを得ないが、これは技術の進歩によりやがて解消されるであろう。

3 書物の題名は、書物の全内容の結晶する核であるといい得るものであるから、題名から書物の内容をある程度まで窺知し得るだけでは足りず、著者の心情を表すものでなければならない。

4 流動する水が凍ったときに初めて手でつかむことが出来るのと同様に、人間の思想も紙の上に印刷されることによって、初めてその内容を正確に理解することが出来る。

5 思想の進歩や成長によって、人間の内部の思想はさらに違った方向に進んで行くのが常であるから、著者が新しい書物を著した時点で、それ以前の古い書物はもはや何の意味も成さなくなる。

➡解答・解説は別冊P.030

問題13

次の文の内容と合致するものとして最も妥当なのはどれか。

　従来論理学者たちが、固有名詞特有の機能は、同類の他のものから、ひたすらそれ自体を切り離し、区別するところにあるとしてきたのは、おそらく一つの等質的な言語社会の中でのことしか考えていなかったからであろう。そこで忘れられていることは、まず第一に、人間はいったい、そのように弁別された個をどの程度必要とするのか、そもそも、社会のあらゆる連関から全く切り離された個などがあり得るのか、また、その弁別は、何のために必要なのかという視点である。

　こうした社会的な観点を欠いた、普遍主義的な見方、純論理主義的な見方は、それ自体、帝国主義的な独断を内蔵している。固有名詞には、ある条件のもとでは、支配や権力の関係や構造が反映せざるを得ないところがある。そうした社会的、文化的要因を捨象して、意味ゼロの記号——単なる目じるしと見る観点からは、固有名詞のもう一つの本質が消し去られてしまう。それは、個体、とりわけ人間を、個別化させると同時に、共属関係をも作り出すからである。ソ連のニコーノフという名前学者は、十八、九世紀のロシアの農村では、「アンナの娘は二人ともアンナ」であったり、「ガヴリーラの息子アレクセイには娘が三人いる。九歳のエウフィミヤ、七歳のエウフィミヤ、一歳のエウフィミヤだ」といったような、同名への好みがあったと述べている。

　固有名詞は抽象的記号（数字やアルファベットのような）ではなく、特定の言語に属しているから、もし普通名詞とつながっていれば、たとえ、原義は無視され、その意味がかすんでしまっても、必要とあらば、賦活される可能性をとどめている。またかりに意味はゼロだとしても、オトのつながり方のパターンは、その名が、何語に属しているかを教えている。ジョン・レノンという名を聞いたとき、人はそれが日本人が生れたときにつけたはえぬきの名ではないとすぐに判断するし、オノ・ヨーコと聞けば、それがたぶん日本人の名であろうと思う。ジョン・レノンは日本語の名のパターンに、まずオトとしてあてはまらないのに対し、オノ・ヨーコの方は、聞いてすぐにその枠の中に入れられる。

　こう考えてみると、人は名前をつけるときに、弁別性あるいは個別性よりはむしろその言語、より具体的に言えば、民族の名としてふさわしいパターンにあわせて作り、それからはずれないようにこころしていることになる。

　このことから、固有名詞の弁別性ということのほかに、それとは逆方向の、所属性、共属性という性格があらわになってくる。つまり、人は名づけにおいてすら、一定の枠の中で行わなければならない点、完全に自由ではなく、所属する共同体の強い圧力を受けていることになる。

1　ニコーノフが述べたロシアの農村の事例は、固有名詞を単なる目じるしとして見る観点の例として挙げられている。

2 オノ・ヨーコという名を聞いて日本人の名であろうと判断することに、固有名詞のもつ所属性、共属性という性格が表れている。

3 ジョン・レノンというオトのつながり方のパターンは普通名詞とつながっているため、それが属する特定の言語をすぐに判断することが出来る。

4 固有名詞のもつ所属性、共属性という性格は、純論理主義的な見方を表している。

5 人は名づけにおいてすら所属する共同体の強い圧力を受けており、所属性、共属性という性格の是非を改めて考える必要がある。

国家一般職（2022年度）

次の文の内容と合致するものとして最も妥当なのはどれか。

　私たちの社会は、専門知に基づいた無数の仕組みによって成立しています。自動車は、材料工学（アルミ、ガラス、ゴム等々）、熱力学、電子工学といったたくさんの専門技術の組み合わせです。いったん独自の分野（土俵）が別々に構築され、それぞれの場所で知識が発展し、自動車という製品においてそれらを再度組み合わせるわけです。

　社会についても同様ですが、やっかいなのはこの組み合わせ方が自動車のようにきっちりと隙間なくなされているのではなく、かなりの「緩さ」を含んでいることにあります。もちろん自動車のような精密機械においても多少の緩みが入り込む余地はあります。だからこそ故障や事故が稀に起こるのです。ただ、多くの場合には機械は問題なく動くものです。それは、動作テストをし、うまくいかない場合には一旦止めてから検査するなど、観察と検証をすることが容易だからです。

　これに対して社会では、そうはいきません。たとえば、政治と経済のつながりは、きっちりとした完全なものではありません。この「つながりの緩さ」があるからこそ、金融システムが政治その他の影響でうまく機能しなかったり、少子化に歯止めをかけようとして導入した政策が裏目に出たり、といったことがふつうに起こるのです。

　もう一度確認しましょう。社会は、知識や専門システムの組み合わせでできています。そしてその組み合わせ方には、緩みが入り込みます。繰り返しになりますが、この「緩さ」という言葉も、社会の成り立ちについて知る上できわめて重要な概念です。

　ただ、学問にもいろいろなものがあります。ふつうは、経済学のように現実の対象とかなり距離をとった土俵を持っているものです。つまり、いろんな専門知の土

俵がいろんなところにあって、これが学問分野の独自性となっています。

　他方で、学問分野を特徴づけるもう一つ重要なポイントがあります。しかもこのポイントは、これまであまり論じられてこなかったものです。すなわち、対象との距離も学問によって異なっている、ということです。

　社会学は経済学に比べれば専門化の度合いが小さい、と述べました。私は、社会学の特徴の一つはここにあるのではないか、と考えます。そして社会学の意義を伝えることの難しさも、ここにあるのだと思っています。なにしろ、一般の方が学問に期待するのは専門的な知識ですから。

　社会学は、心理学や経済学といった近隣分野の学問と比べると、自分の土俵のようなものをはっきりと備えていません。いえ、正確に言えば、土俵を自前で作らないところが社会学の強みであるし、またそうであるべきなのです。

1　無数の専門知が発達した社会では、工学などの専門知に社会学や心理学などの専門知を組み合わせることで、隙間のない、精緻な製品が作られるようになっている。

2　社会学という学問には、独自の分野をはっきりと備えていないようにみられる特徴があり、一般の人々が期待する学問とは違うところがある。

3　少子化対策などを進める上で、「つながりの緩さ」が問題となり政策がうまく機能しなかったことがあるため、精密機械の分野を見習って、観察と検証の過程を少しでも増やすべきである。

4　社会の成り立ちに伴って様々な「緩さ」が生じる中で、経済学や心理学はこの「緩さ」をなくすための学問である一方、社会学はこの「緩さ」を観察する学問である。

5　社会学は、学問の対象が漠然としている上、現実の現象から距離を置いているため、自由度が高い学問と思われがちである。

➡解答・解説は別冊 P.032

問題15

次の文の内容と合致するものとして最も妥当なのはどれか。

　外国の人々が、漢字のプリントされたTシャツを着ているのを見ると、とても日本人では身につけられないようなことが書かれていることが少なくない。しかし、日本人が着るローマ字が書かれたTシャツも、ネイティブスピーカーから見れば、顔を赤らめるようなものや、事件に巻き込まれかねないような内容のものが多いと聞く。もともと日本人は、早くから横文字で看板を書くことを好み、江戸時代のうちにそれに対する禁令まで出されたという。互いに読めない文字に不思議さと憧れを感じているわけで、その内容や機能性よりも雰囲気だけを楽しもうとする意識が透けて見える。いわゆる片仮名ことばの隆盛とも、根底を同じくしているのではなかろうか。

　しかし意味は分からないが文字の醸し出す雰囲気だけを楽しむことは、こと漢字の場合には、本来持ち合わせていた語を表すための表意性が失われてきたことにつながるのではなかろうか。漢字を固定したものととらえ、何かで決められた漢字を「答え」としてたくさん覚えたり、パズルにして楽しむといったことによる空前の「漢字ブーム」が到来していると言われて久しい。日本語への関心もマスメディアを通じて高まってきた。その一方で、本を読まなくなり、文字離れが加速しているという。漢字を文脈から切り離し、一つの「正解」だけを知っているかどうかにとどまっていないだろうか。漢字のイメージ偏重が、それらの行き着く果てではないことを望みたい。

《中略》

　日本の文字は、中国をはじめとする世界の文字のいわば鉱脈の中から、日本人が日本語を書くためにふさわしい形を求めて、足りないものを造って補い、余分なものを切り捨てるなどして彫琢してきたものである。その字体も省略と整理を施しつつ、意味も日本語に適応するように調整しながら磨き上げてきたものである。むろん日本語自体も変化し続けたが、文字についてもそれに対応する工夫がまた先人たちによって重ねられてきたからこそ、今に至るまで残り、日々日本の文章にちりばめられているのである。その生命力の根源は、ことばを適切に書き表そうとする漢字の持つ意外なほど柔軟な対応性である。よくもあしくも個々人、地域、社会という多様性を生み出してきた「根」からも、表記に最も適したものを吸い上げることで表現に幅を与え、枯渇することなく活力のあるものとなってきた。

　活字離れや手書きの機会の減少が進む中で、漢字を丸暗記やパズルなど遊びだけの対象にすることは、漢字の特質である表意性さえも忘れさせかねない。漢字を反射的にえられる直感的なイメージだけでとらえることの危うさは、名付けだけにとどまらなくなっている。日本人がみずからの文字についての観察を放棄し、思考を失うときが来れば、また、過去から続く営為をふり返ることもしなければ、的確な選択も創意工夫もなされなくなり、日本の漢字は過去の遺産となるしかないのであろう。

1 日本人はもともと外国の人々よりも文字の雰囲気を楽しもうとする傾向が強いため、漢字の表意性は江戸時代には失われつつあった。

2 漢字が本来持ち合わせていた表意性が失われていき、丸暗記やパズルの対象とされるようになったことで、活字離れが進んでいった。

3 日本人は文字に対して、日本語に適応させるために取捨選択を繰り返し、また、変化していく日本語を適切に表記するための工夫をし続けてきた。

4 漢字の柔軟な表現力を通じて、様々な文化が日本に持ち込まれたため、日本の社会に多様性がもたらされた。

5 手書きの機会の減少が進む中で、漢字を正しく書くことのできない日本人が更に増え続ければ、将来的に漢字は廃れるだろう。

➡解答・解説は別冊 P.034

3 空欄補充

STEP1 ここに着眼しよう！

例題

次の文の空所A〜Cに該当する語の組合せとして、最も妥当なのはどれか。

森の旅をつづけていると、ときどき美しい森に出会うことがある。山奥に隠されていた眠るようにひろがる天然林の谷が、ふいにあらわれてきて私を驚かす。 A につくられた植林地の森のなかにも、思わず足を止めてみとれてしまうような美しい森がある。

そんなとき私は考え込んだ。美しい森の基準とは何なのだろうか。私は何を基準にして、この森は美しいと感じているのだろうか。

考えてみれば、おかしなことなのである。山の木のなかに美しい木と美しくない木などあるはずはない。ところがそれがひろがりとなって森になると、確かに美しい森とそうではない森が生まれてくるのである。この差はどこにあるのだろうか。

美しい森のなかでは、私はその樹々がつくりだす豊饒（ほうじょう）な森の生活を感じている。主のような大木は、何百年もの風雪に耐えてきた B をもっていて、辺りを見下ろしている。若い樹々は大木のまわりに寄りそい、古木は次の世代の若木をかかえるように立っている。

もしかすると美しい森とは、森と時間の関係から生まれてくるのかもしれない。

森の時間、それは C されつづける時間である。森の時間は過ぎ去るのではなく積み重ねられていく。

	A	B	C
1	一時的	歴史	蓄積
2	計画的	威厳	消費
3	計画的	歴史	清算
4	人工的	威厳	蓄積
5	人工的	歴史	消費

POINT 1 関連性の公理を武器に考えよう

　情報伝達には、守るべきルールがあり、人はそれに従って表現をしている。それを**協調の4原理（語用論）**という。

> **ここで働きめる！** ▶ 協調の4原理（語用論）
>
> 1　**量の公理**…求められているだけの情報を提供しなければならない。
> 2　**質の公理**…信じていないことや根拠のないことを言ってはいけない。
> 3　**関連性の公理**…関係のないことを言ってはいけない。
> 4　**様式の公理**…不明確な表現や曖昧なことを言ってはいけない。

　このうち、「空欄補充」の問題では、3の**関連性の公理**が武器となる。つまり、関係のあることだけ言っているはずなので、**近くに必ず空所の説明がある**。それに注意しながら、問題を読み進めていこう。

POINT 2 選択肢を選ぶ

　例題（出典：内山節『森にかよう道—知床から屋久島まで』（新潮選書））には、A、B、Cの3つの空所がある。
　まず A から見てみよう。 A の前後に注目すると、「**天然林**の谷が、ふいにあらわれてきて私を驚かす」「**植林地**の森のなかにも、思わず足を止めてみとれてしまうような**美しい森**がある」とある。この**美しい森**は**天然林**を指している。「 A につくられた**植林地**の森」と「**天然林**」が対比されているため、 A には「天然」の対義語である「**人工的**」が該当する。「計画的」も良さそうに見えるが、前後に「計画」に関する話題がないため、関連性に欠ける。
　次に B を見てみよう。直後の「**辺りを見下ろしている。若い樹々は大木のまわりに寄りそい、古木は次の世代の若木をかかえるように立っている**」とある。「辺りを見下ろし」「若い樹々はまわりに寄りそい」「次の世代の若木をかかえるように立っている」より、 B には「威厳」が該当する。
　最後に C を見てみよう。後ろの文に「森の時間は過ぎ去るのではなく**積み重ねられていく**」とある。よって、 C には「積み重ね」と同義である「蓄積」が該当する。空所A〜Cの中では、後続要素の単なる置き換えで導き出せる C が最もやさしい。
　よって、選択肢4が最も妥当である。

> 多くの問題は、最初の空欄は難度を高くして挫折しやすいように設計してあるよ。
> 特定のしやすい空欄から先にチェックをして、選択肢をしぼってみてね。

1 次の文の空所Aに該当する短文として、最も妥当なのはどれか。

　コミュニケーションが深まっているときは、相手とだけではなく、自分自身と対話している感覚がある。すぐに言語化できる事柄だけを話しているのでは、浅い会話になってしまうものだが、自分の中に埋もれている暗黙の知を掘り起こしながら対話することで、深い対話ができるのだ。自分の中に眠っているものを掘り起こすのは、精神的に労力を必要とする作業だ。

　文章を書くという作業は、自分自身と対話する作業である。自分でも忘れていることを思い出し、思考を掘り下げる。長い文章を書いたことのある人ならば、それが苦しく充実した作業だということを知っている。日記をつけるという行為も、自分自身と向き合う時間をつくることになる。言葉になりにくい感情をあえて言葉にすることによって、気持ちに整理がついていく。　　A　　。

> **1**　対話することによって、理解が深まっていくのだ
> **2**　言葉にすることによって、感情に形が与えられるのだ
> **3**　自分の中に眠っているものを掘り起こすのだ

正解：**2**

　　A　　の直前に「言葉になりにくい感情をあえて言葉にすることによって、気持ちに整理がついていく」とある。選択肢に注目すると、**2**が「言葉にすることによって、感情（≒気持ち）に形が与えられる（≒整理がついていく）のだ」と、直前の内容の言い換えになっている。

　よって、選択肢**2**が最も妥当である。

　1や3を入れても、読む分には違和感はないが、問題の要求は「最も妥当なのはどれか」なので、前後の文章との関連性が最も強い（根拠に必然性を伴う）ものを選ぶ。

POINT　短文の空欄補充問題であっても、**前後の文章に必ずヒントが隠されている**ので、語句の補充問題のように前後の文章に注目しよう。

（出典：齋藤孝『コミュニケーション力』（岩波新書）／特別区Ⅲ類［2006年度］改題）

2 次の文の空所A、Bに該当する語句の組合せとして、最も妥当なものはどれか。

　若い人が新聞を読まなくなったといいますが、私にとって新聞を読むのはほんとうに楽しみなんです。椅子に座って大きな紙面を広げ、それぞれ編集された紙面を見ながら、その中で何が重要かそうでもないか、自分で考えて選ぶわけですからね。テレビには　　A　　がなく、あてがい扶持の情報を受けるだけですが、新聞を読むことはさまざまなことを考えたり、書くものを考えたりできます。

　私は、いつの間にか、自分の「個」を持っている人たちとだけつき合うようになってしまいました。ですから親しくなるのは一見、素直でも優しくも従順でもない、業突張りで「ああ言えばこう言う」タイプの人ばかりですが、言い換えれば、自分で考えているおもしろい人たちです。個とは、個人主義だとか大げさな思想めいたものではなく、人生を自分の頭で考える、自分の趣味で選ぶという人間としてごく当り前のことです。おかずの味や小遣いの使い方、ごみの出し方など他人にはくだらないと思われることでも、何であれ自分の好みを持っている。その　　B　　が出会った時にこそ、楽しいと感じられるのです。

	A	B
1	自分の選択	小さな個
2	自分の選択	大きなエネルギー
3	無駄な情報	小さな個

....

正解：1

　　A　　の直前の文に「(新聞は) 自分で考えて選ぶ」、直後には「新聞を読むことはさまざまなことを考えたり、書くものを考えたりできます」とある。一方で、「テレビには　A　がなく」なので、対比されている**新聞の特長**である「**自分の選択**」が　A　に該当する。

　次に　B　だが、直前に「その」とあるため、前の内容を受けていると考えられる。形式段落②は冒頭で、「自分の『個』を持っている人たちとだけつき合うようになってしまいました」とあり、中盤で「個とは、……」とある。「個」を一貫して話題にしているため、「その」が指すものは話題となっている「個」であり、　B　には「**小さな個**」が該当する。

　よって、選択肢**1**が最も妥当である。

POINT　あてがい扶持…与える側が一方的に見計らって渡すもの
業突張り…ひどく欲張りで頑固なこと

（曽野綾子『人間の基本』（新潮新書）／特別区Ⅲ類［2016年度］改題）

問題1

次の文の 　　　 に当てはまるものとして最も妥当なのはどれか。

　イデオロギーは虚偽ですが、真実であると信じられている虚偽です。ただ、それが真実であると受け取られてしまう原因がある。つまり、イデオロギーの担い手の社会構造上の位置、階級的な位置に規定されて、それが真実に見えてしまうのです。イデオロギーを批判するには、その虚偽性を暴露して、それが当事者には真実に見えてしまう社会的な原因まで示してやればよい。つまり、古典的なイデオロギーまでの三つの虚偽意識に対しては、啓蒙の戦略にのっとった批判が有効です。

　それに対して、シニシズムは、いわば一段前に進んだイデオロギーです。メタ的な視点にたったイデオロギーだと言ってもよい。シニシズムというのは、　　　虚偽意識なんです。啓蒙された虚偽意識だと言ってもよい。それは、「そんなこと嘘だとわかっているけれども、わざとそうしているんだよ」という態度をとるのです。こういう態度には、啓蒙の戦略にのっとった批判は効かない。啓蒙してやっても、はじめから、虚偽だとわかっているので意味がないのです。別に真実だと思って信じているわけではない。嘘だとわかっているけれども、そうしているのです。これがスローターダイクがいうところのシニシズムです。

　こういうのは一体どういうことかというと、何かちょっと変だなと思ったりするかもしれないけれども、考えてみれば、僕らの世界の中にこのシニシズムというのは蔓延しています。典型的には、たとえば、広告、特に商品の広告がそうですね。商品の広告、ヒットする広告は、大抵ふざけているんです。つまり、「こんなの嘘だ」と書いてあるわけです。しかし、広告は一定の効果を上げるわけです。つまり、嘘であると送り手はもとより受け手側だってわかっているのに、それがまるで真であったかのような行動が喚起されるんです。

1　自己自身の虚偽性を自覚した

2　自己の虚偽性を隠した

3　自己の虚偽性を誇張した

4　イデオロギーを批判した

5　イデオロギーを排他的に認識した

➡解答・解説は別冊 P.035

問題2

次の文のA、Bに当てはまるものの組合せとして最も妥当なのはどれか。

　現在、脳神経科学やそれに影響を受けた分野では、行為における意志の役割に強い疑いの目が向けられている。とはいえ、意志を行為の原動力と見なす考え方が否定されたのはこれがはじめてではない。哲学において、意志なるものの格下げをもっとも強く押し進めたのは、17世紀オランダの哲学者、スピノザである。

　意志概念に対するスピノザのアプローチを理解するうえで忘れてならないのは、彼が、しばしばその主張として紹介される「自由意志の否定」には留まらなかったということである。

　たしかにスピノザは、「自由な意志」という概念を斥け、この世界とわれわれの心身を貫く必然性に則って生きることをよしとした。スピノザによれば、意志は「自由な原因」ではない。それは「強制された原因」である。すなわち、私が何ごとかをなすのは、何ごとからも自由な自発的意志によってではない。いかなる物事にも、それに対して作用してくる原因があるのだから、意志についてもそれを決定し、　A　がある。人々がそのことを認めようとしないとすれば、それは、彼らが自分の行為は意識しても、　B　のことは意識していないからに過ぎない。

　こうしてスピノザは簡潔かつ説得的に、「行為は意志を原因とする」という考えを斥けた。

　だが、スピノザの考察は「自由意志の否定」をもって終わるのではない。スピノザは、にもかかわらずなぜわれわれは、「行為は意志を原因とする」と思ってしまうのか、と問うことを忘らない。

	A	B
1	何ごとかを志向するよう強制する原因	行為へと決定する原因
2	何ごとかを志向するよう強制する原因	行為がもたらす結果
3	何ごとからも制約を受けない条件	自由意志が行為に働きかける作用
4	何ごとからも制約を受けない条件	行為がもたらす結果
5	自由意志が行為に働きかける作用	行為へと決定する原因

➡解答・解説は別冊 P.036

　　　　　　　　　　　　　　　　　裁判所職員（2020年度）

次の文章中のA～Dの空欄に入る語句の組合せとして最も妥当なものはどれか。

　「思考の自然化」とでも呼ぶべき事態の進行の下で、人間の思考はブラックボックスから出された。このような人間の思考の基礎に関する考え方の変化を前にして、思考の曖昧さは自明のことではなく、むしろ一つの［　A　］であることをこそ見てとるべきである。脳内過程の厳密なる進行に支えられているにもかかわらず、人間の思考がいかにして「曖昧」たりうるのかということ自体が、大変な問題を提起しているのである。

　そもそも、人間の思考作用において、「曖昧」ということは本当に可能なのか？もし可能だとしたら、その思考における「曖昧さ」は、それを支える脳の厳密なる因果的進行と、どのように関係するのか？

　世界を因果的に見れば、そこには曖昧なものは一つもない。その曖昧さのない自然のプロセスを通して生み出された私たちの思考もまた、この世界にある精緻さの［　B　］でなければならないはずである。

　それにもかかわらず、私たちは、確かに、曖昧な自然言語の用法があるように感じる。もし、自然言語が、［　C　］因果的進行が支配する世界の中に「曖昧」な要素を持ち込むということを可能にしているのだとすれば、それ自体が一つの奇跡だというしかない。

　この奇跡をもたらしている事情を突きつめていけば、物質である脳にいかに私たちの心が宿るかという［　D　］問題に論理的に行き着くことはいうまでもない。

　そして、この、私たちの心の存在がもたらす奇跡は、単なる「厳密さの喪失」という問題では片づけられない、仮想空間の豊饒をもたらしているのである。

　言葉の持っている不思議な性質の一つは、それが数学的形式の基準からいえば曖昧であるからこそ、そこにある種の無視できない力が宿る、という点にある。

　　　　A　　　B　　　C　　　　D

1　驚異　　顕れ　　厳密な　　心脳

2　脅威　　起源　　自然な　　存在論的

3　驚異　　起源　　厳密な　　存在論的

4　脅威　　起源　　自然な　　心脳

5　驚異　　顕れ　　厳密な　　存在論的

→解答・解説は別冊 P.036

問題4

次の文章の空欄A～Eにあてはまる語句の組合せとして、最も妥当なのはどれか。

　広い意味でのテクストは、作品とその表現のすべてを包含するが、テクストはかならず解釈を受けて新しいヴァージョン、新しいテクストを生み出す。それが異本である。もし、異本を生じない、つまり、解釈を受けない、　A　を誘発する力のないテクストがあれば、それは文書というものであって、表現ではない。テクストとは言えない。

　テクストはかならず新しいテクスト、異本を生じて、その生命を持続する。テクストがそのままでいつまでも生きのびていくわけではない。原稿のみが作品の唯一の正しいテクストであるとする歴史主義的文献学の思想は、言語表現というものを印刷されたものとして見る近代の　B　を含んでいると言わなくてはならない。

　テクストに解釈が加わって生ずる異本はただ原テクストをそのまま保持あるいは復元しようとするものではない。たんなる復元では異本である資格を欠くのであって、異本はつねに解釈された、したがって、　C　されたテクストでなくてはならない。

　異本は先行するテクスト、異本と継承の関係にあることはまれである。ことに強力ですぐれた異本は先行異本（原テクストを含め）に対して対立の関係において　D　する。新しい異本は先行する古い異本を否定して、これをできればなきものにして自己を主張するものである。もとのものを礼賛、賛同するだけの精神は異本を創り出す創造性に欠けている。

　異本らしい異本は、先行するものすべてを否定し、すくなくとも、より正しいとするものを求めようとする解釈によって生み出される。その作用は、対象が、もとの原稿、あるいはそれに近いテクストにさえ及ぶことを辞さない。古い時代の文学で原テクスト　E　のおびただしい作品が存在することは、この異本の作用を考えればすこしも不思議ではない。

	A	B	C	D	E
1	共感	錯誤	再現	自立	不詳
2	共感	成果	加工	依存	回帰
3	批評	錯誤	加工	自立	不詳
4	批評	錯誤	再現	依存	回帰
5	批評	成果	加工	依存	不詳

➡解答・解説は別冊P.037

問題5   特別区Ⅰ類（2011年度）

次の文の空所Aに該当する短文として、最も妥当なのはどれか。

　新しいことを考える。
　新しいものを工夫する。
　それには考えつめることが必要になる。たえず考える。頭は緊張する。しかし、その状態で、よい考えが浮かぶことは少ない。やはり、ひと休みしないといけない。あまり熱くなってしまってはまずい。冷却してやる。緊張の連続では息がつまりそうになるだろうから、あえて"風を入れてやる""寝させてやる"ゆとりがほしい。勤勉すぎる頭からはアイディアは逃げていってしまう。
　緊張、そして、弛緩。そこで運がよければ思いもかけない考えが浮かび上がってくることがある。もちろん、いつもかならずそうなるとは限らないのは覚悟しておいた方がよいであろう。なにしろ、考えることは、お互い、あまり上手でないのだから、下手な鉄砲である。一発必中などという虫のいいことを望んではならない。数うてば当たると思って、何度もトライしてみる。
　緊張した思考のあと弛緩の時間を持つのは、なんとかアイディアがほしいと思いつめているときに、容易ではないが、はやる心をおさえて、待つ心を持ってこそ初めて、創造がおとずれるのである。
　朝の時間がよい。朝でなくても眠ったあとの時間は豊饒である。仕事の最中ではなく、レクリエーションの中で、新しい考えが頭を持ち上げることが多い。かならず、そうときまっていないが、可能性が高い。
　忘却はその弛緩のあいだにおこって、［　　　　　A　　　　　］。忘れることを怖れてはいけないのである。

1　必要なものを抽出してくれる

2　緊張を連続させる

3　はなはだ創造性に富んでいる

4　アイディアに関係する

5　はやる心をおさえてくれる

➡解答・解説は別冊 P.038

問題6

特別区Ⅰ類（2012年度）

次の文の空所ア～ウに該当する語の組合せとして、最も妥当なのはどれか。

　生き物というのは、どんどん変化していくシステムだけれども、情報というのはその中で止まっているものを指している。万物は流転するが、「万物は流転する」という言葉は流転しない。それはイコール情報が流転しない、ということなのです。

　流転しないものを情報と呼び、昔の人はそれを錯覚して真理と呼んだ。真理は動かない、不変だ、と思っていた。実はそうではなく、不変なのは情報。人間は流転する、ということを意識しなければいけない。

　現代社会は「情報化社会」だと言われます。これは言い換えれば意識中心社会、脳化社会ということです。

　意識中心、というのはどういうことか。実際には日々刻々と変化している生き物である自分自身が、「　ア　」と化してしまっている状態を指します。意識は自己同一性を追求するから、「昨日の私と今日の私は同じ」「私は私」と言い続けます。これが近代的個人の発生です。

　近代的個人というのは、つまり己を　ア　だと規定すること。本当は常に変化＝流転していて生老病死を抱えているのに、「私は私」と　イ　を主張したとたんに自分自身が不変の　ア　と化してしまう。

　だからこそ人は「　ウ　」を主張するのです。自分には変わらない特性がある、それは明日もあさっても変わらない。その思い込みがなくては「　ウ　は存在する」と言えないはずです。

　　　ア　　　イ　　　ウ

1　真理　　同一性　　個性

2　真理　　個性　　　不変性

3　個性　　不変性　　真理

4　情報　　個性　　　社会性

5　情報　　同一性　　個性

➡解答・解説は別冊P.039

次の文の空所A、Bに該当する語の組合せとして、最も妥当なのはどれか。

　経済的その他の意味で本当に効率的な世界を作りたいのなら、例えば明日生まれてくる赤ちゃんから全員、世界中で英語だけを教えるようにすればいい。そうすると三十年、四十年後には、この世界で外国語の勉強などという骨の折れることをする必要性はまったくなくなります。みんなが英語で意思の疎通が出来る。政治や経済ばかりでなく、あらゆる点で素晴らしく効率的な世界ができあがります。

　私に言わせれば、そんな世界になったなら、人間もろとも地球など爆発してなくなった方がよい。もはや人間が生きるに足る価値のある星ではないからです。

　能率・効率は素晴らしいかも知れません。しかし各国、各民族、各地方に生まれ美しく花開いた文化や伝統や情緒などは、そんな能率・効率よりも遥かに価値が高いということです。「たかが経済」を、絶対に忘れてはいけません。

　チューリップは確かに美しい。しかし、世界をチューリップ一色にしては絶対にいけない。信州に行けば、道端にコスモスが咲いている。千葉に行くと菜の花が一面に広がっている。別の地方に行けばユリの花があって、また別の地方に行けばヒマワリがある。高山に登れば駒草が岩間に顔を出し、浜辺には浜木綿の白い花が咲いている。これこそが美しい地球です。どんなことがあってもチューリップで統一してはいけない。効率・能率に幻惑されて、画一化を進めては絶対にいけないのです。

　そういう意味で、二十一世紀は　　A　　の時代と、私は言っているわけです。世界の各民族、各地方、各国家に生まれた伝統、文化、文学、情緒、形などを、世界中の人々が互いに尊重しあい、それを育てていく。この　　A　　の中核を成すのが、それぞれの国の持っているこうした　　B　　です。日本人が有する最大の　　B　　は、美しい情緒と、それが育んだ誇るべき文化や伝統なのです。

　　　　　　　　A　　　　　　　　B

1　グローバリズム　　普遍的価値

2　グローバリズム　　一般的価値

3　ナショナリズム　　一般的価値

4　ローカリズム　　　普遍的価値

5　ローカリズム　　　一般的価値

➡解答・解説は別冊 P.039

問題8

次の文の空所A、Bに該当する語の組合せとして、最も妥当なのはどれか。

　兼好は誰にも似ていない。よく引合いに出される長明なぞには一番似ていない。彼は、モンテエニュがやった事をやったのである。モンテエニュが生れる二百年も前に。モンテエニュより遥かに鋭敏に簡明に正確に。文章も比類のない名文であって、よく言われる「枕草子」との類似なぞもほんの見掛けだけの事で、あの正確な　A　な文体は稀有のものだ。一見そうは見えないのは、彼が名工だからである。「よき細工は、少し鈍き刀を使ふ、といふ。妙観が刀は、いたく立たず」、彼は利き過ぎる腕と鈍い刀の必要とを痛感している自分の事を言っているのである。物が見え過ぎる眼を如何に御したらいいか、これが「徒然草」の文体の精髄である。

　彼には常に物が見えている、人間が見えている、見え過ぎている、どんな思想も意見も彼を動かすに足りぬ。評家は、彼の尚古趣味を云々するが、彼には趣味という様なものは全くない。古い美しい形をしっかり見て、それを書いただけだ。「今やうは無下に卑しくこそなりゆくめれ」と言うが、無下に卑しくなる時勢とともに現れる様々な人間の興味ある真実の形を一つも見逃していやしない。そういうものも、しっかり見てはっきり書いている。彼の厭世観の不徹底を言うものもあるが、「人皆生を楽しまざるは、死を恐れざる故なり」という人が厭世観なぞを信用している筈がない。「徒然草」の二百四十幾つの短文は、すべて彼の批評と　B　との冒険である。それぞれが矛盾撞着しているという様な事は何事でもない。どの糸も作者の徒然なる心に集って来る。

　　　A　　　B

1　純粋　　観察

2　純粋　　叙情

3　純粋　　随想

4　鋭利　　観察

5　鋭利　　叙情

➡解答・解説は別冊 P.040

次の文の空所A～Cに該当する語又は語句の組合せとして、最も妥当なのはどれか。

STEP 3

過去問にチャレンジ！

　同類の人たちで行う対話は、緻密かもしれないが、全体としては退屈なことが多い。価値観が似ていて、基本的な前提を問い直すことがないため、大枠では意見が一致しやすいからだ。

　問題になるのは細かい違いだけで、それが大事なこともあるが、冷静に考えるとどうでもいいことも多い。いずれにせよ、　　　A　　　なことは問われない。これは哲学を専門とする人でも変わらない。

　他方、いろんな立場の人たちが集まっていっしょに考えると、それぞれが普段自分では問わなかったこと、当たり前のように思っていたことをおのずと問い、考えるようになる。前提を問う、　　　B　　　なことをあらためて考える——それはまさしく哲学的な「体験」だろう。

　誰がどのような体験をするのか、どんなことに気づき、何を問い直すのか、どのような意味で新しい見方に出会うのかは、その場にいる人によっても違う。ある人は、その人にしか当てはまらない個人的なことに気づくかもしれない。あるいは、誰もが目を開かれるような深い洞察に、参加者みんなで至るかもしれない。

　その内容は、哲学という専門分野から見ても、興味深いものになっているかもしれないが、初歩的なところにとどまっていたり、粗雑な議論になっていたりするのかもしれない。哲学の専門家や哲学好きな人は、話のレベルの高さや低さに　　　C　　　するかもしれないが、それは専門家の勝手な趣味であって、私自身はあまり気にしていない。

	A	B	C
1	根本的	自明	一喜一憂
2	根本的	重要	一喜一憂
3	表面的	曖昧	一喜一憂
4	表面的	自明	自己満足
5	主観的	重要	自己満足

➡解答・解説は別冊P.041

問題10

次の文の 　　　　 に当てはまるものとして最も妥当なのはどれか。

　思想史、哲学史の専門家たちは、当然、過去の思想家の誰彼を取り上げて研究する。カントの専門家があり、ヘーゲルの専門家がある。それが「学問」というものであるからには、誰もそれに文句を言う人はいない。しかし、そういう専門的研究家たちとは別に、自ら創造的に思索しようとする思想家があって、この人たちも、研究者とは全然違う目的のために、過去の偉大な哲学者たちの著作を読む。現在の思想文化が、過去の思想的遺産の地盤の上にのみ成立しているものである以上、これもまた当然のことだ。こうして現代の創造的思想家たちも、己れの哲学的視座の確立のために、あるいは少なくとも、強烈に独創的な思索のきっかけとなるであろうものを求めて、過去を探る。現代ヨーロッパの思想界ではこの傾向が特に目立つ。それをテクストの「読み」という。過去のテクストの「読み」を出発点として、その基盤の上に思惟の創造性を求めることは、現代西洋哲学の一つの顕著な「戦略」である。

　厳密な文献学的方法による古典研究とは違って、こういう人達の古典の読み方は、あるいは多分に恣意的、独断的であるかもしれない。結局は一種の誤読にすぎないでもあろう。だが、このような「誤読」のプロセスを経ることによってこそ、過去の思想家たちは現在に生き返り、彼らの思想は潑剌（はつらつ）たる今の思想として、新しい生を生きはじめるのだ。ドゥルーズによって「誤読」されたカントやニーチェは、専門家によって文献学的に描き出されたカントやニーチェとはまるで違う。デリダの「戦略的」な解釈空間にたち現われてくるルソーやヘーゲルは、もはや過去の思想家ではない。

　西洋思想界のこのような現状に比べれば、東洋思想、東洋哲学の世界は沈滞している、と言わざるを得ない。勿論、研究者の数は多い。現に日本でも無数の専門家たちが、今も昔も変りなく、東洋思想の貴重な文化的遺産を、孜々（しし）として研究している。だが、それらの思想文化の遺産を、己れの真に創作的な思惟の原点として、現代という時代の知的要請に応じつつ、生きた形で展開しているといえるような、つまり 　　　　　　　　　　　　　　　　　　　　　　　　　　　　 は、残念ながら我々のまわりには見当らない。現代日本の知の最前線にある思想家たちが、自分の思索のためのインスピレーションを求めて帰っていく古典は、例えばマルクスでありニーチェでありヘーゲルであって、東洋哲学の古典ではないのだ。

1 東洋思想の古典に精通し、それらの真の解釈を「戦略的」に創造する専門家

2 東洋哲学に伝統的な日常的自然的態度を現代的に再構築せしめんとする思想家

3 ドゥルーズやデリダを創作的に「誤読」し、彼らの遺産を「生きた現代の哲学」として現代日本の知の最前線に蘇らせようとする思想家

4 西洋の思想的過去を東洋思想のコンテクストの現場に引き出して、その未来的可能性を創造的に探らんとする知の先駆者

5 東洋哲学の古典を創造的に「誤読」して、そこに己れの思想を打ち建てつつあるような、独創的な思想家

➡解答・解説は別冊 P.041

問題11

次の文章中の空欄に入る語句として最も妥当なものはどれか。

　研究の進捗に伴い、「気候システムの温暖化には疑う余地がなく」なり、人為起源の温室効果ガスの排出が「二〇世紀半ば以降に観測された温暖化の支配的な要因であった可能性が極めて高く」、「気候変動に伴うリスクは偏在しており、途上国のみならず先進国においても恵まれない境遇にある人々やコミュニティに対して一般に悪影響はより大きくなる」ことが明らかとなってきた。緩和と適応との両者による気候変動対策が十分でなければ、一日二ドル以下で生活しなければならない最貧困層が一億人以上増加するおそれがあるとの報告書を、世界銀行も二〇一五年一一月に公表している。よくも悪くも、経済のグローバル化によってそうした他国の貧困層の問題はひとごとではなくなっており、誰もが直接間接に気候変動の悪影響を被る社会になっている。

　もはや予防的に気候変動対策を行うのではなく、予測されるハザードと、そうしたハザードに対する曝露や脆弱性が経済発展や人口変動などの社会変化に伴ってどのように変化するのかを見極めて、リスクを的確に管理するように緩和策と適応策を推進する時代なのである。

　全球平均気温の上昇を産業革命以前に比べて二度以内に抑えようとするならば、化石燃料の消費を減らした低炭素社会ではなく、化石燃料に依存しないゼロ炭素社会、あるいは脱炭素社会の実現が今世紀後半には必須となる。しかし、緩和策による気候変動の抑制は、より良い社会を構築する手段であって目的ではない。「気候変動は持続可能な開発に対する脅威である」からこそ気候変動の悪影響を最小限に抑えようとするのだ、という根本に立ち戻ると、（　　　　）。「将来の気候変動への適応に向けた第一歩は、現在の気候の変動性に対する脆弱性や曝露を低減すること」であって、適応策は豊かで靭性（レジリエンス）のある世界の構築に役立つ。

1　これ以上「適応策を推進する必要」はない

2　緩和を「最終目標として注力」するべきである

3　緩和と適応双方から「予防的な対策」をせねばならない

4　「適応および緩和の双方に注目する必要」がある

5　「適応の努力にウェイトを置く」べきである

→解答・解説は別冊P.042

4 文章整序

STEP 1 ここに着眼しよう！

例題

次の短文A～Eの配列順序として、最も妥当なのはどれか。

A 知性と技術は、態度をバックアップするものでなければならない。
B 健康になるためには、知性が必要であり、技術も必要である。
C 今日は、知性と技術のほうに偏ってしまっている。
D 態度とは、動機づけと意志決定をし、なおかつ行動をすることである。
E しかし、いくら物を知っており、技術が伴っても、生活態度が十分でなければいけない。

1 A－C－B－E－D
2 A－D－C－E－B
3 A－D－E－C－B
4 B－C－A－E－D
5 B－E－D－C－A

重要度

国家一般職・専門職：★★☆	地方上級：★★★	東京都Ⅰ類：★★★	市役所：★★★
国家総合職：★★☆	裁判所職員：★★☆	特別区Ⅰ類：★★☆	警察・消防：★★☆

POINT 1 情報のリレーに注目しよう

　言葉とは、読み手に新しい情報を伝えるものであるが、いきなり新しい情報を出しても伝わらない。そのため、**読み手が知っている情報から始めて、それから新しい情報へという順序で話す必要がある。**いわば「情報のリレー」である。

　この「情報のリレー」を使って、文章整序に取り組もう。

ここで**動きめる！** 情報のリレー

文の後半の新情報が、次の文の冒頭に旧情報として出現する。
文1「（旧情報・読み手が知っている情報）→（新情報a）。」→文2「（旧情報a）→（新情報b）。」→文3「（旧情報b）→（新情報c）。」→ ……。

POINT 2 つながるところをみつけて、選択肢をしぼっていこう

　例題（出典：日野原重明『いのちの言葉』（春秋社））の短文の情報配置を分析してみよう。

A　**旧情報**：知性と技術、**新情報**：態度をバックアップ
B　**新情報**：知性が必要であり、技術も必要
C　**新情報**：知性と技術に偏っている
D　**旧情報**：態度、**新情報**：行動
E　**旧情報**：物を知っており（＝知性）、技術が伴っても、**新情報**：生活態度

　多くみられる言葉「知性」と「技術」に着目して情報のリレーを使うと、新情報となっているのは**B**（新情報：知性が必要であり、技術も必要）もしくは**C**（新情報：知性と技術に偏っている）。これに「知性」と「技術」が旧情報となっている**A**（旧情報：知性と技術）もしくは**E**（旧情報：物を知っており、技術が伴っても）がつながると推測できる。まず**B**に注目し、選択肢を見ると、B→Aというつながりはないため、B→Eがある1と5に絞られる。

　次に、Cに注目すると、選択肢5のみがC→Aの情報のリレーを満たしている。

　よって、選択肢5が妥当である。なお、選択肢5では、「生活態度」に着目した情報のリレー「**E**（新情報：生活態度）→**D**（旧情報：態度）」も成立している。

> 文章をすべて並べ変えて完成させようとすると、むしろ解けなくなってしまうことがある。最初から完成を求めず、内容がすぐつながるところをみつけて、その接続のある選択肢に絞っていこう。

STEP 2　3択問題で理解を確認！

1 次の短文A～Fの配列順序として、最も妥当なのはどれか。

A　私たちがまねにくいヨーロッパのマナーの一つは、他人が部屋にはいって
きたとき、さっと椅子から立ち上がる作法である。

B　これが当然の作法である。

C　他人、つまりうやまうべき人が立っている、つらい姿勢をとっているのに、
こちらがのうのうと坐っているのはいけない、というわけで、立ち上がっ
て姿勢を正す。

D　私たちの感覚からすると、こちらは椅子に坐っている。

E　だからそのままでよいということになるのだが、ヨーロッパ人には、坐る
とは安楽のことなのである。

F　つまりすでに「低姿勢」なのである。

　1　A－C－D－F－B－E
　2　A－D－E－B－C－F
　3　A－D－F－E－C－B

正解：**3**

　A～Fの文の中から、情報のリレーでつながりそうな部分を探してみる。Eの新
情報「**坐るとは安楽**」に注目すると、Cの旧情報「他人、つまりうやまうべき人が
立っている、つらい姿勢をとっているのに、こちらが**のうのうと坐っている**」と一
致する。よって、**E→C**がつながる選択肢を見ると**3**のみが該当する。

　よって、選択肢**3**が最も妥当である。

POINT　安楽…心身に苦痛がなく、穏やかで楽であること

（出典：多田道太郎「しぐさの日本文化」（講談社学術文庫）／特別区Ⅲ類［2016年度］改題）

2 次の短文A～Fの配列順序として、最も妥当なものはどれか。

A　ところで、用があっても手紙は書かないで電話ですますのが現代である。
B　用件などない手紙をやりとりする相手があるのは人生の幸福だと言ってよい。
C　それと同じで、用のないのに話すほどおもしろいことはない。
D　用のない手紙"平信"のたのしさを知る人は少なくなった。
E　気のおけない相手と、用もないのに会ってしゃべるのは精神的健康にもたいへん効果がある。
F　必要があって話すのは仕事であって楽しかったりするわけがない。

1　A－B－D－F－C－E
2　A－D－B－C－F－E
3　A－F－E－D－C－B

....

正解：2

　話題に着目すると、BとDは「**手紙**」、C、E、Fは「**話す**」であり、これらが連続する選択肢**1**と**2**に絞ることができる。しかし、**1**の場合、**F**の新情報「楽しかったりするわけがない（⊖）」と**C**の「旧情報：それと同じで→新情報：用もないのに話すほどおもしろいことはない（⊕）」が矛盾する。一方で、**2**の、**B**の新情報「人生の幸福（⊕）」は**C**「それと同じで→話すほどおもしろいことはない（⊕）」と難なくつながる。

　よって、選択肢**2**が最も妥当である。

　エッセイ風に書かれている文章は、筆者が思いつくままに書くことができるため、「次につながりそうな」ものが複数ある場合が多い（例えば、B→D、C→E、D→Cも違和感はない）。ミクロの視点ではつながりを特定しにくい場合は、マクロの視点で「話題のまとまり」に注目してみよう。

POINT　平信…無事を知らせるための便り。急用のためではない普通の通信のこと
（出典：外山滋比古『日本語の作法』（新潮文庫）／特別区Ⅲ類［2016年度］改題）

STEP 3　過去問にチャレンジ！

問題1

国家一般職（2014年度）

次の ▭ と ▭ の文の間のA～Eを並べ替えて続けると意味の通った文章になるが、その順序として最も妥当なのはどれか。

> 今でこそ、当たり前になっているが、明治になって日本に輸入された様々な概念の中でも、「個人individual」というのは、最初、特によくわからないものだった。その理由は、日本が近代化に遅れていたから、というより、この概念の発想自体が、西洋文化に独特のものだったからである。ここでは二つのことだけを押さえておいてもらいたい。

A しかし、机は机で、もうそれ以上は分けられず、椅子は椅子で分けられない。つまり、この分けられない最小単位こそが「個体」だというのが、分析好きな西洋人の基本的な考え方である。

B だからこそ、元々は「分けられない」という意味しかなかったindividualという言葉に、「個人」という意味が生じることとなる。

C もう一つは、論理学である。椅子と机があるのを思い浮かべてもらいたい。それらは、それぞれ椅子と机とに分けられる。

D 動物というカテゴリーが、更に小さく哺乳類に分けられ、ヒトに分けられ、人種に分けられ、男女に分けられ、一人一人にまで分けられる。もうこれ以上は分けようがない、一個の肉体を備えた存在が、「個体」としての人間、つまりは「個人」だ。

E 一つは、一神教であるキリスト教の信仰である。「誰も、二人の主人に仕えることは出来ない」というのがイエスの教えだった。人間には、幾つもの顔があってはならない。常にただ一つの「本当の自分」で、一なる神を信仰していなければならない。

> 国家があり、都市があり、何丁目何番地の家族があり、親があり、子があり、もうそれ以上細かくは分けようがないのが、あなたという「個人」である。

1 D－B－E－C－A

2 D－E－C－A－B

3 E－A－C－B－D

4 E－B－C－A－D

5 E－C－D－B－A

➡解答・解説は別冊 P.042

問題2

次のA～Fをならべかえて一つのまとまった文章にする場合、妥当なのはどれか。

A 情緒と情緒の考察者は、眠っている人と、眠りについての考察者との関係に等しいとすれば、われわれが情緒について論じることは、熟睡する人が睡眠について論じるのに似ていると言えなくもない。

B しかし果して冷静な観察者を自己の内部にそなえた激情は、本当の激情と言えるものかどうか。

C われわれは喜怒哀楽をみずから感じながら、同時にもう一人の観察者を自分のなかに設定して、それを自己分析的に眺めなければならないのである。

D 情緒が身体的〈事実〉であるとするならば、情緒を味わっている人物は、全身的にその情緒に支配されているのでなければならない。

E ということは、激情に動かされている人物は、冷静な反省者を自分のなかに許容できないゆえに、激情に動かされているといわれるのである。

F 情緒を論じる場合、われわれがぶつかる困難の一つは、情緒という身体的な〈事実〉を、外から、その事実に即して論理化するというのではなく、内部にあって、その〈事実〉を実現しつつ、それを論理的に明らかにするという点にある。

1 A－B－F－C－E－D

2 A－F－E－D－B－C

3 F－A－E－B－C－D

4 F－C－B－D－E－A

5 F－E－B－D－A－C

→解答・解説は別冊 P.043

問題3　　　　　　　　　　　　　　　　　　　　　　特別区Ⅰ類（2010年度）

次の短文A～Fの配列順序として、最も妥当なのはどれか。

A　雁^{がん}の肉はおいしいという評判だ。

B　しかし豆腐に人参^{にんじん}やひじきを入れて油で揚げて、雁の肉の味に似たものができるとは思えない。

C　おでんなどになくてはならない具の一つに「雁もどき」がある。

D　「もどく」という言葉は『源氏物語』などでは、「競争する」「張り合う」という意味で使われており、そのころの辞典で「挑^{いどむ}」という字の訓となっている。

E　この大豆食品は、それに負けないくらいおいしいぞ、という意味の命名ではないかと思われる。

F　さてこの「雁もどき」の語源はと聞かれると、雁の肉に似た味がする食品、つまり雁の味を真似^{まね}たからと解するのが一般になっている。

1　A－B－E－C－D－F

2　A－C－E－F－D－B

3　A－F－D－E－B－C

4　C－A－D－F－E－B

5　C－F－B－D－A－E

➡解答・解説は別冊P.043

問題4

次の短文A～Eの配列順序として、最も妥当なのはどれか。

A つまり、一定の空間と時間の枠を設けておいて、その枠内で無秩序の導入を許容するのである。

B そこではしばしば人びとが仮面をかぶって自らのアイデンティティを隠すのも象徴的である。

C 〈中心〉の中に仮りに導入された〈周縁〉、〈日常〉の中の一時的な〈非日常〉──それによって、一方では脅かす無秩序に対して一種のはけ口を与えておき、他方では固定化して沈滞する恐れのある秩序に活性を与えようとする。

D 既成の秩序を維持しようとする〈中心〉、それに対して無秩序、あるいは新しい秩序への志向性によって特徴づけられる〈周縁〉──この両者の間の緊張した対立関係が破局的な結果に至らないように、文化の中では緊張緩和のために「祭り」という仕組みが利用されることがある。

E いわゆる「ばか騒ぎ」によって特徴づけられる「カーニバル」には、その典型的な現れが認められよう。

1 C－A－D－B－E

2 C－B－D－E－A

3 C－D－A－B－E

4 D－A－C－E－B

5 D－C－E－B－A

→解答・解説は別冊P.044

問題5

次の短文A～Gの配列順序として、最も妥当なのはどれか。

A 「私」や「僕」のように、話し手が自分を指して使うことばは、考えてみると話し手が言語という一種の座標系の内部で、自分自身の位置を明らかにする行為であると言える。

B このタイプの自称行為の特徴は、話し手の言語的自己規定が、相手及び周囲の情況とは無関係に、自発的独立的になされることである。

C つまり言語による自己規定なのだ。

D インド・ヨーロッパ系の言語や、トルコ語、アラビア語などのように、話し手が自分に言及することばつまり自称詞が、実際問題としては殆ど一人称代名詞に限られるような言語では、この一人称代名詞の働きとは、簡単に言えば自分が話し手であることを、ことばで明示する機能だと言えよう。

E いやそれどころか、相手の存在を認識するに先んじて、自己の認識が言語によって行われるのだというべきであろう。

F 今喋っているのは、他でもないこの俺だということをことばで示すこと、しかもこれ以外の情報は何一つ話し手に関して与えないのが、例えば、ラテン語でegoと言い、英語でIと言う行為の意味なのである。

G つまり相手が存在しなくてもかまわない。

1 A－C－D－F－B－G－E

2 A－C－E－F－D－G－B

3 A－D－B－G－F－E－C

4 A－D－C－F－G－B－E

5 A－D－F－B－C－E－G

→解答・解説は別冊 P.044

問題6

特別区Ⅰ類（2019年度）

次の短文A～Gの配列順序として、最も妥当なのはどれか。

A 教育者というのは、別に学校の教師に限らない。

B そういう人のアイデンティティは、教育者ということになる。

C 会社員の中にも、教育者としてのアイデンティティを持っている人はいる。

D 街で子どもたちを集めてサッカースクールをやったり、剣道の教室をやったり、ピアノを教えたりという人は、たくさんいるだろう。

E 教育者というと少し堅苦しいが、要するに人を育てることに情熱をもって取り組んでいる人ということだ。

F その中には小遣い稼ぎだと思ってやる人もいるかもしれないが、多くの人は、子どもたちに何か大切なことを伝えたい、という思いをもってやっている。

G アイデンティティとは、「自分は、〇〇である」と張りをもって言えるときの「〇〇」のことだ。

1 A－C－D－F－B－G－E

2 A－C－E－F－D－G－B

3 A－D－B－G－F－E－C

4 A－D－C－F－G－B－E

5 A－D－F－B－C－E－G

➡解答・解説は別冊 P.045

問題7

国家一般職（2022年度）

次の [____] と [____] の文の間のA～Eを並べ替えて続けると意味の通った文章になるが、その順序として最も妥当なのはどれか。

　この国*の国旗の色は、規定では最先端を行っている。赤と緑を光の波長で決めているのだ。ほかに、色彩学的に色調、明度、彩度の色の三要素で決めたり、具体的にインクのパーセントで表示したり、権威ある国際的な色票番号で規定している国旗の例もある。

A　布地や染め方でも違えば天候でも違うし、時間が経つと色が変化するというのもよくあること。

B　赤かオレンジか、で永年にわたって混迷が続いてきたオランダの赤白青の横三色旗も、三色は「国際照明委員会のCIE表色系」で色刺激値を厳密に決めている。このほかナイジェリア、ケニア、ザンビア、マラウイ、シエラレオネ、レソト、ボツワナ、バルバドス、モルディヴといった英連邦の国々の国旗は、色の三属性を英国色彩標準（British Colour Standard）で「この色」と規定している。また、バングラデシュはインクの掛け合わせの千分率で色を決めている。

C　ところが、ことはそんなに簡単ではない。たとえ色を数値で表示し、それに従って国旗を製作したとしても、物の色が光源で違って見えるのはもちろんだ。極端な例だが、高速道路のトンネルでオレンジ系の照明に照らされると、前を行く真っ赤な新車のスポーツ・カーが途端にくすんだポンコツ車に見えるのはしばしば経験することだ。

D　それでも各国の動きを話すと、すぐ「だから日の丸の色も法制化が必要だ」という声が聞こえてきそうだが、それは短絡的というものだ。

E　だから、数値さえ決めればよいというわけではないし、下手をすると自縄自縛で実際の旗の製作費が高くなってしまうことも考えられる。

　たしかに各国が真剣に検討して、自分たちの象徴として一番ふさわしい色を番号で規定したに違いないが、要はそこにおのずから許容範囲というものがあり、特に、他の国旗と併揚するような場合には、過敏になりすぎないようにしたほうがよいのではないだろうか。

（注）*この国：アルジェリアを指す。

1 B‐C‐A‐E‐D

2 B‐D‐E‐C‐A

3 B‐E‐D‐A‐C

4 C‐D‐B‐E‐A

5 C‐E‐D‐B‐A

➡解答・解説は別冊P.045

問題8

国家一般職（2019年度）

次の ▢ の文の後に、A～Dを並べ替えて続けると意味の通った文章になるが、その順序として最も妥当なのはどれか。

> 哲学はまぎれもなく一つの行為である。が、それをことさらに哲学の実践^{プラークシス}というからには、それはなにかある目的ないしは志向性をもった活動であるということである。

A 理論と実践、この二分法に深く囚われるところがあったからである。

B けれども、哲学をことさらに実践として捉えるときには、そこにはややねじれた背景がある。

C そういう意味ではすべての学問が実践であるということができるはずである。

D 哲学は、理論のなかの理論、つまりテオーリア（観想）といういとなみであって、なにか具体的な目的の実現や効用をめざすプラークシス（実践）からはもっとも遠いものであるという了解が、これまで哲学を志向する者たちのあいだで共有されてきたからである。

1 B－C－A－D

2 C－A－B－D

3 C－B－D－A

4 D－A－B－C

5 D－B－A－C

➡解答・解説は別冊P.046

次の短文A～Fの配列順序として、最も妥当なのはどれか。

A 「学ぶ」ということは「覚える」ということと深い関わりがある。

B そこで、学習の目的とは知識を得ること、という話もよく聞く。

C しかし、記憶とは何か、知識とは何か、この二つはどう違うのか。

D そこで、学習を「記憶」と結びつけて語る人は多い。

E これらの問題を深く掘り下げて考えたことがある人は、あまりいないかもしれない。

F 一方で、「知識」もまた、「学ぶ」ということにとって重要である。

1 A－B－C－E－F－D

2 A－C－D－E－B－F

3 A－C－D－F－B－E

4 A－D－C－E－B－F

5 A－D－F－B－C－E

➡解答・解説は別冊 P.046

問題10

次の短文A～Fの配列順序として、最も妥当なのはどれか。

A　その「別なところ」が自然だったのである。

B　ところがものを食べるとか、石油に代表されるエネルギーを消費することは、自然に直接の関わりがある。

C　金持ちとは、金を使う権利をもつ人である。

D　高度経済成長、つまり皆が金持ちになろうと思えば、他人から金を取り上げるか、まったく別なところからとってくるしかない。

E　虚の経済とは、だれが金を使う権利があるかという問題である。

F　それは人間社会のなかのことで、本来は自然とは関係がない。

1　C－A－D－F－B－E

2　C－B－A－E－D－F

3　E－A－F－D－B－C

4　E－C－F－B－D－A

5　E－D－A－B－F－C

➡解答・解説は別冊P.047

問題11

次の文の後にA～Fの文を並べ替えてつなげ、一つのまとまった文章にする場合、その順序として最も妥当なのはどれか。

　今日「科学」という言葉からただちに連想されるのは、おそらくコンピュータ（情報科学）、DNA（生命科学）、ミラーニューロン（脳科学）、ナノテクノロジーといった先端分野の研究成果であろう。

A　科学研究と技術開発は、今日では社会システムの不可欠の一部であり、その最大のスポンサーは国家や企業にほかならない。実際、新聞やテレビで「科学」や「科学技術」といった言葉を目にしたり耳にしたりしない日は一日たりともないはずである。

B　正負いずれの側面を強調するにせよ、現代社会は科学や技術の成果なしには成り立たず、またそれに伴うリスクと無関係に存立することはできない。「持続可能性（sustainability）」が時代の標語となるゆえんである。

C　それに対して、「科学」の意味は誰でも理解しているにもかかわらず、改まって科学の「科」とは何かと問われれば、明確に説明できる人はむしろ稀であろう。

D　ただし、注意したいのは、これらは二十世紀初頭の相対性理論や量子力学などの純粋な科学理論とは異なり、技術的応用と一体となった分野だということである。現代では科学と技術の境界は不分明になり、両者は融合して「テクノサイエンス」とでも呼ぶべき領域を形作っている。

E　他方で、科学と聞いて環境破壊、核兵器、原発事故、薬害など科学技術がもたらしたさまざまな災厄を想起される向きも少なくないであろう。現代は「科学技術の時代」であると同時に、その「社会的リスク」をも否応なく背負わざるをえない時代なのである。

F　ところで、その「科学」という言葉だが、文字面を眺めただけでは「科」についての「学」というのみで、その内容はいっこうに判然としない。これが物理学ならば「物（物体、物質）」の「理（ことわり、法則）」を探究する「学問」、生物学ならば「生き物」に関する「学問」といった具合に、読んで字のごとく何のまぎれもない。

1 A－D－F－C－B－E

2 A－E－D－B－F－C

3 D－E－B－A－F－C

4 D－F－E－B－C－A

5 F－C－E－B－D－A

➡解答・解説は別冊 P.047

問題12

次の短文A～Fの配列順序として、最も妥当なのはどれか。

A うっかり期限の過ぎたかまぼこをすぐには捨てずに鼻や舌を使うという小さなことですが、一事が万事、この感覚を生かすとかなり生活が変わり、そういう人が増えれば社会は変わるだろうと思うのです。

B 科学的とされる現代社会のありようは実は他人任せなので、これは「自律的な生き方」をしようという提案でもあります。

C もちろん、上手に使っていないと鈍くなるので、感度を保つためにも日常その力を生かすことは大事です。

D ネズミやイヌなど他の生きものに比べたら嗅覚などはかなり感度が悪くなっているとはいえ、私たちの五感はよいセンサーです。

E 常に自分で考え、自身の行動に責任を持ち、自律的な暮らし方をすることが、私の考える「生きものとして生きる」ということの第一歩です。

F 科学を知ったうえで、機械だけに頼らず生きものとしての自分の感覚をも活用するのが、私の考えている「人間は生きものである」ことを基本に置く生き方です。

1 A－C－D－B－F－E

2 B－C－D－A－E－F

3 D－C－F－B－A－E

4 D－E－C－A－F－B

5 E－D－C－A－B－F

➡解答・解説は別冊 P.047

次の文の後にA～Fの文を並べ替えてつなげ、一つのまとまった文章にする場合、その順序として最も妥当なのはどれか。

　人間が社会をつくり、生活を営む社会生活の複雑さについては、いまさら説明するまでもない。

A　広い意味では生活の仕方とも作法とも知恵ともいえる「文化」を、一緒に暮らす仲間や次の時代を生きる子孫に正確に伝え確実に学ばせる。

B　こうしたことが適切に行えるかどうかを左右するのが言葉であり、言葉を巧みに操作してなされるコミュニケーション能力である。

C　他者と対面し言葉を交わし、他者の表情や言い回しから他者の気持ちや意図を読み取り、適切に対応しつつスムーズに意志の疎通をし合う。

D　さらにいえば、そうした能力とは、社会を構成している多くの他者とのいい関係をつくり維持する社会的知性とも言える社会性であり、社会力である。

E　生活を営む社会の規模が大きくなればなるほど、コミュニケーション能力を含めた社会的知性とも言える社会力のレベルが高度になることが求められることになる。

F　さらには、言葉を介して様々な知識を得、抽象的なレベルでの思考力を高め、想像力と創造力を豊かにし、新しい文化や技術をつくり出し、それを後続世代に伝える。

1　B－A－E－D－F－C

2　C－A－F－B－D－E

3　C－E－D－B－A－F

4　D－C－A－B－E－F

5　D－E－F－C－A－B

➡解答・解説は別冊P.048

CHAPTER

英文

この章で学ぶこと

◯ 内容に着眼して読解しよう

　言語とは情報伝達のための手段です。いくら「この単語が主語で、この単語が動詞で、……」と構造を分析できたところで、書かれている意味がわからなければ情報の把握はできません。内容に重点を置き、「筆者は一体何を伝えたいのか」を考えながら読み進めましょう。英文の向こう側にいる筆者の意図を理解することで、字面だけではわからなかった単語の意味が必然的に浮かび上がってくるのです。

◯ 測られているのは英語力よりも情報処理能力

　公務員試験における文章理解（英文）は決して英語力自体を測る科目ではありません。もし英語力自体が必要なら、文法や単語の意味など、英語の知識自体が問われるはずです。しかし、実際に出題されているのは、現代文と同じく内容や文脈の理解などの情報処理です。日本語か英語かの違いだけで、解き方のポイントは現代文と全く同じなので、英語が読める人は現代文と同じように取り組みましょう。一方で、英語力が乏しい場合は暗号読解のような状態になります。しかし、学生時代に英語を習得できなかった人が、公務員試験の時だけは短期間でマスターできる、という可能性は低いため、むしろ暗号読解だと開き直ってアプローチした方が、かえってスムーズに情報を処理できるかもしれません。

◯ 文法知識や直訳に引っ張られないように注意

　皆さんが学校で最初に習った英文法はあくまで原則であり、実際に出現する英文のほとんどは文脈によって変異しています。しっかりと学習をすれば、その変異にも対応できますが、一方で、中途半端な英語の知識が読解の妨げとなってしまう場合もあります。知っている知識を強引に当てはめてしまい、意味が支離滅裂になってしまった経験はありませんか。支離滅裂な文章が出題されることは絶対にないので、自分の英語の知識よりも、文章の情報推移や文脈の整合性を優先的に意識しましょう。つじつまを合わすことで、英語力が多少不足していようとも読解はできるのです。

国家総合職

内容把握を中心に、空欄補充や文章整序も出題される。現代文よりも出題数が多く、英文が重視されている。政治、経済、社会問題、思想、科学など内容の濃い題材に慣れておきたい。

国家一般職・専門職

内容把握を中心に、空欄補充や文章整序も出題される。文章量が長い傾向にあるが、馴染みのあるテーマが多く読みやすい。情報処理としての良問が揃っているため、根拠を明確にして解いていこう。

裁判所職員

内容把握を中心に、空欄補充や文章整序も出題される。文章量は長いが、読みやすいエッセイや英語学習教材など、取り組みやすい文章が中心である。速読を訓練しよう。

地方上級

要旨把握が中心であるため、本文照合よりも要旨をつかむ読解をしよう。人文系よりも社会系や自然系テーマの出題が多い。

東京都Ⅰ類

内容把握を中心に、文章整序も出題される。小説やビジネス実務など馴染み深い題材が多い。淡々と処理をしていこう。

特別区Ⅰ類

内容把握を中心に、空欄補充や文章整序も出題される。小説や人文系など読みやすい題材が多い。内容を味わいながら読み進めよう。

市役所

要旨把握が中心であるため、本文照合よりも要旨をつかむ読解をしよう。時事的な内容も含め、テーマは幅広い。

警察・消防

基礎的な文法問題や内容把握が出題される。まずは中学卒業程度の英語力をしっかりと身に付け、感覚で解かず、ひとつひとつを丁寧に理解する学習を心掛けよう。

1 内容把握

STEP 1 ここに着眼しよう！

本文の内容と合致する選択肢が正解となる

　英語の文章理解問題の多くを、この内容把握が占めている。要旨把握問題ではないため、「文章の内容には合致するが要旨ではない」ということは起こらない。よって、シンプルに、選択肢に書かれている内容が本文にあればそれが正答である。本文と異なる記述がある選択肢や、本文に書かれていない内容の選択肢を消去することで正答にたどりつける。

POINT 1 　選択肢に目を通す

　内容把握は問題数も多く、解くのに時間がかかるため、本文を読む→選択肢を見る→再度本文を読んで確認する、という通常の流れでは、時間がかかりすぎる。よって、まず本文よりも先にすべての選択肢に目を通して、本文のテーマやキーワードを推測しておくことがポイントになる。

POINT 2 　本文を読み、選択肢の正誤を確認する

　POINT1で推測したキーワードを念頭に置きつつ、本文を頭から読んでいく。
　基本的に、1〜5の選択肢の順序と、本文に書かれている順序は、同じである。つまり、本文の頭から順に、選択肢1の正誤、選択肢2の正誤……と突き合わせて確認していけばよい。
　5つの選択肢のうち4つには、正答と間違えやすい偽（にせ）の内容が書かれている。フェイクに引っ掛からないよう、以下の5つのポイントを押さえながら選択肢を見ていこう。

---

1. 主語と目的語は本文に合致しているか？
2. 肯定を否定に、あるいは、否定を肯定にした選択肢ではないか？
3. 複数の意味を持つ単語を、異なる意味の内容で訳した選択肢ではないか？
4. 前後にある修飾部を持ってきて、一見正しく見えるようにまとめた選択肢ではないか？
5. 数字は本文と合致しているか？

　なお、本文を読む際は、選択肢の記述に該当する部分に下線を引き、その選択肢の番号を書き込んだうえで、選択肢と合致している部分に○、合致していない部分に×を書き込んでいくと分かりやすい。さらに、○×を書き込む際、パートごとにA、B……などと相番を振っていくと、最後に見返して確認するときに時間が短縮できる。

　この作業を行いながら、明らかに誤りといえる選択肢には、×をつけて消していこう。

POINT 3 全体を読み返し、残った選択肢と本文が合致するか再確認する

　POINT2の消去法で残った選択肢が1つであれば、それが本文と合致しているか、ここで念のため確認しよう。

　もしも明らかに合致しないものを消去した後、×のついていない選択肢が複数残ってしまった場合は、残った選択肢に書かれている内容と本文中の内容を突き合わせて合致するかどうか判断してみよう。余分な選択肢には、本文にまったく記載のない内容が盛り込まれていることが多い。

ここで動きめる！ ▶ 試験種や文章形式ごとの読解ポイント

・東京都

　「本文に、直訳の表現ではっきりと書かれてはいないが、意訳などをすれば、内容は一致している」選択肢が正答の場合が、これまでにあった。その場合、「明らかに誤りと言える選択肢」を消していく消去法で対応しよう。

・国家公務員（総合）

　選択肢も英文のため、本文の内容を別の単語や表現で言い換えた選択肢にも注意しよう。（例）half＝50%、one-fourth＝25 %、approximately＝about

・新聞や雑誌、エッセイ

　1つの文章の中で同じ単語を重複して使うことを避ける傾向があるため、問題文の本文中、あるいは選択肢でも、同じものを指しているのに異なる単語や表現が用いられていることが多いので、注意したい。

　詳しくは、次ページのSTEP2で、例題を使って説明するよ。

例題

次の英文中に述べられていることと一致するものとして、最も妥当なのはどれか。

1-A From the time he was 16, Einstein often enjoyed thinking about what it might be like to ride a beam of light. In those days, it was just a dream, but he returned to it, and it changed his life. 1-B

One day in the spring of 1905, Einstein was riding a bus, and he looked back at a big clock behind him. He imagined what would happen if his bus were going as fast as the speed of light.

2-A When Einstein began to move at the speed of light, the hands of the clock stopped moving! This was one of the most important moments of Einstein's life! 2-B

3-A When Einstein looked back at the real clock, time was moving normally, but on the bus moving at the speed of light, time was not moving at all. 3-B 3-C Why? Because at the speed of light, he is moving so fast that the light from the clock cannot catch up to him. 4 The faster something moves in space, the slower it moves in time.

This was the beginning of Einstein's special theory of relativity. It says that space and time are the same thing. You cannot have space without time, and you cannot have time without space. He called it "space-time*."

5-A No scientist has ever done anything like what Einstein did in that one year. 5-B 5-C He was very ambitious. Einstein once said, "I want to know God's thoughts …" 5-D

*space-time：時空

1　16歳の頃から、アインシュタインはしばしば、光に乗ったらどう見えるのかと想像して楽しんでおり、その空想が彼の人生を変えた。

2　アインシュタインは、光の速度で移動を始めることを想像したとき、時計を持つ手の動きを止めた。

3　アインシュタインが振り返ると、時間は通常どおり動いていたが、バスの中の現実の時計は完全に止まっていた。

4　アインシュタインがどんなに速く移動しても、時計からの光に追いつくことはできなかった。

5　科学者は、アインシュタインが成し遂げたことを1年でできると、意欲満々だった。

POINT 1　選択肢に目を通す

まず、すべての選択肢に目を通し、本文のテーマやキーワードを推測する。

この問題では、すべての選択肢に「アインシュタイン」という語があることから、アインシュタインに関する文章であることは確実である。

さらに、「光（の速度）」「時間」「時計」「科学者」といったキーワードから、おそらく相対性理論に関する文章だろうと予測できる。

このキーワードを念頭に置いて、本文を頭から読んでいこう。

POINT 2　本文を読み、選択肢の正誤を確認する

基本的に、1〜5の選択肢の順序と、本文に書かれている順序は、同じ。つまり、本文の頭から順に、選択肢1の正誤、選択肢2の正誤……と突き合わせて確認していけばよい。5つの選択肢のうち4つには、正答と間違えやすい偽の内容が書かれているため、引っ掛けに注意しながら読むことが肝心。STEP 1のPOINT2で挙げた5つのポイントを押さえながら読もう。

本文を読むときは、該当する部分に下線を引き、その選択肢の番号を書き込んだうえで、選択肢と一致している部分に〇、一致していない部分に×を書き込んでいくと分かりやすい。さらに、〇×を書き込む際、パートごとにA、B…などと相番を振っていくと、最後に見返して確認するときに便利だ。

そして明らかに一致しない誤りといえる選択肢には、×をつけて消していこう。

選択肢1

前半は第1段落1文目（下線部A）に、後半は2文目の後半（下線部B）にそれぞれ一致する。2文目後半の主語itは、直前の目的語itと同じであり、それは1文目の「thinking about what it might be like to ride a beam of light（光に乗ったらどうなるのかと想像して）」を指している。

選択肢2　複数の意味を持つ単語を用いた引っ掛け

第3段落1文目、「When Einstein began to move at the speed of light（光の速度で移動を始めることを想像したとき）」（下線部A）までは一致するが、その後、the hands of the clock stopped moving（下線部B）のhandsは「時計の針」を指しているので誤り。

アインシュタインの「手」との引っ掛けの選択肢で、仮にhandsに「時計の針」という意味があることを知らなかったとしても、「the hands of the clock」＝「時計のhands」であるから、（アインシュタインの）「時計を持つ手」としている選択肢の記述は誤りだと気づける。

選択肢3　主語の入れ替え＋修飾部の誤り

「When Einstein looked back（振り返ると）」（下線部A）及び「time was moving normally, but（時間は通常どおり動いていたが）」（下線部B）は、第4段

落1文目前半に一致しているが、後半「was not moving at all（完全に止まっていた）」（下線部C）の主語は「時計」ではなくtime「時間」であり、しかもそれは「on the bus moving at the speed of light（光の速度で動くバスの中）」の話で、「バスの中の現実の時計」のことではない。

なお、「the real clock（現実の時計）」はこの第4段落1文目の前半に出てくるが、「When Einstein looked back at the real clock, time was moving normally, but（現実の時計を振り返ると、時間は通常どおり動いていたが）」という意味であって、選択肢とは**一致しない**。それぞれの言葉がどの文節にかかっているかよく確認しながら読めば、誤りに気づけるはずだ。

選択肢4　主語の入れ替え

第4段落3文目後半、「cannot catch up to him（追いつくことができない）」のhimが指しているのはアインシュタインであり、この文の主語は「light from the clock（時計からの光）」（下線部）だから、「アインシュタイン」が「時計からの光に追いつくことはできなかった」としている選択肢は、主語と目的語が入れ替わっているので、**誤り**。

選択肢5　肯定と否定の入れ替え＋主語の入れ替え

「scientist（科学者）」（下線部A）に関する記述は第6段落1文目にあるが、No...で始まっているこの文は「what Einstein did in that one year（アインシュタインが1年で成し遂げたこと）」（下線部B・C）を「No scientist has ever done（達成した科学者は誰もいない）」という否定の文なので、「1年でできる」と肯定している選択肢の記述は明らかに**誤り**。また「ambitious（意欲満々）」（下線部D）については同段落2文目に記述があるが、その主語Heは科学者ではなくアインシュタインを指しているので、この点でも**誤り**。

POINT 3　全体を読み返し、残った選択肢と本文が一致するか再確認する

以上から、×がつかずに残った選択肢は1のみ。念のため、該当する箇所の本文を読むと、「From the time he was 16, Einstein often enjoyed thinking about what it might be like to ride a beam of light. In those days, it was just a dream, but he returned to it, and it changed his life（16歳の頃から、アインシュタインはしばしば、光に乗ったらどうなるのかと想像して楽しんでいた。当時は、ただの夢だったが、何度も繰り返し、そして彼の人生を変えた）」とあるので、選択肢1の内容に**一致している**と言える。よって、正答は**1**。

なお、各選択肢に該当する箇所を探しながら本文を読み、明らかに一致しないものに×をつけていっても、×のついていない選択肢が複数残ってしまうケースもある。その場合の多くは、本文にまったく記載のない内容を盛り込んだ選択肢である。残った選択肢に書かれている内容と本文中に一致する部分がないか、再度探してみよう。

（全訳）

　16歳の頃から、アインシュタインはしばしば、光に乗ったらどうなるのかと想像して楽しんでいた。当時は、ただの夢だったが、何度も繰り返し、そして彼の人生を変えた。

　1905年の春のある日、アインシュタインはバスに乗っていて、後ろの大きな時計を振り返った。もし自分のバスが光の速さで走ったらどうなるかを想像した。

　光の速度で移動を始めることを想像したとき、時計の針は動きを止めた！　アインシュタインの生涯で最も重要な瞬間であった。

　現実の時計を振り返ると、時間は通常どおり動いていたが、光の速度で移動するバスの中では、時間はまったく動いていなかった。なぜか？　光の速さで移動しているので、彼が速すぎて、時計からの光が追いつくことができないからである。空間で移動する速度が速ければ速いほど、時間の進み方は遅くなる。

　これがアインシュタインの特殊相対性理論の始まりである。その理論において、空間と時間は同じものである。時間なしに空間を持つことはできないし、空間なしに時間を持つこともできない。彼はこれを「時空」と呼んだ。

　アインシュタインがその1年で成し遂げたことをした科学者は、他に誰もいない。彼は非常に野心家だった。アインシュタインはかつてこう言った。「私は神の考えを知りたいのだ……」

英文出典：ジェイク・ロナルドソン『英語で読むアインシュタイン』（IBCパブリッシング）

過去問にチャレンジ！

問題1

東京都Ⅰ類（2022年度）

次の英文の中で述べられていることと一致するものとして、最も妥当なのはどれか。

We are living in a technical age. Many are convinced that science and technology hold the answers to all our problems. We should just let the scientists and technicians go on with their work, and they will create heaven here on earth. But science is not an enterprise that takes place on some superior moral or spiritual plane above the rest of human activity. Like all other parts of our culture, it is shaped by economic, political and religious interests.

Science is a very expensive affair. A biologist seeking to understand the human immune system requires laboratories, test tubes, chemicals and electron microscopes, not to mention lab assistants, electricians, plumbers and cleaners. An economist seeking to model credit markets must buy computers, set up giant databanks and develop complicated data-processing programs. An archaeologist who wishes to understand the behaviour of archaic[*1] hunter-gatherers must travel to distant lands, excavate[*2] ancient ruins and date fossilised[*3] bones and artefacts[*4]. All of this costs money.

During the past 500 years modern science has achieved wonders thanks largely to the willingness of governments, businesses, foundations and private donors to channel billions of dollars into scientific research. These billions have done much more to chart the universe, map the planet and catalogue the animal kingdom than did Galileo Galilei, Christopher Columbus and Charles Darwin. If these particular geniuses had never been born, their insights would probably have occurred to others. But if the proper funding were unavailable, no intellectual brilliance could have compensated for that. If Darwin had never been born, for example, we'd today attribute the theory of evolution to Alfred Russel Wallace, who came up with the idea of evolution via natural selection independently of Darwin and just a few years later. But if the European powers had not financed geographical, zoological and botanical[*5] research around the world, neither Darwin nor Wallace would have had the necessary empirical[*6] data to develop the theory of evolution. It is likely that they would not even have tried.

[*1] archaic：古代の　　　[*2] excavate：発掘する　　　[*3] fossilise：化石化する
[*4] artefact：人工遺物　　　[*5] botanical：植物学上の
[*6] empirical：経験上の

1　我々は技術の時代を生きてきたが、今日では科学者と技術者に任せておけば地上の楽園が実現できるという考えに対し懐疑的な人々が多くなってきた。

2 人間の免疫に関する研究をしている生物学者は、研究機材に多額なコストがかかるため、人件費を圧縮しなければならなくなっている。

3 過去500年間、近代科学は、政府、企業、個人等からの莫大な資金援助を受けたおかげで、ガリレオ、コロンブス、ダーウィンに匹敵する成果を挙げた。

4 ガリレオ、コロンブス、ダーウィンといった天才が生まれていなかったとしても、きっと誰か別の人が同じ偉業を達成していただろう。

5 西欧列強がその影響力を世界に拡大していかなければ、ダーウィンやウォーレスの地理学的、動物学的、植物学的業績が世界に伝播することはなかった。

→解答・解説は別冊 P.049

問題2

東京都Ⅰ類（2023年度）

次の英文の中で述べられていることと一致するものとして、最も妥当なのはどれか。

By now, Haw had let go of the past and was adapting to the present.

He continued on through the Maze[*1] with greater strength and speed. And before long, it happened.

When it seemed like he had been in the Maze forever, his journey — or at least this part of his journey — ended quickly and happily.

Haw proceeded along a corridor that was new to him, rounded a corner, and found New Cheese at Cheese Station N!

When he went inside, he was startled by what he saw. Piled high everywhere was the greatest supply of Cheese he had ever seen. He didn't recognize all that he saw, as some kinds of Cheese were new to him.

Then he wondered for a moment whether it was real or just his imagination, until he saw his old friends Sniff and Scurry.

Sniff welcomed Haw with a nod of his head, and Scurry waved his paw[*2]. Their fat little bellies showed that they had been here for some time.

Haw quickly said his hellos and soon took bites of every one of his favorite Cheeses. He pulled off his shoes, tied the laces together, and hung them around his neck in case he needed them again.

Sniff and Scurry laughed. They nodded their heads in admiration. Then Haw jumped into the New Cheese. When he had eaten his fill, he lifted a piece of fresh Cheese and made a toast. "Hooray[*3] for Change!"

As Haw enjoyed the New Cheese, he reflected on what he had learned.

He realized that when he had been afraid to change he had been holding on to the illusion of Old Cheese that was no longer there.

So what was it that made him change? Was it the fear of starving to death? Haw smiled as he thought it certainly helped.

*1 maze：迷路　　*2 paw：手　　*3 hooray：万歳

1　チーズステーションNにたどり着いたホーは、ようやく過去を払拭できたように見えたが、実際は相変わらず古いチーズの幻想に取りつかれていた。

2　チーズステーションNに山のように積まれていたチーズは全て、ホーが食べたことがあるもので、その中のいくつかは、ホーが苦手とするチーズだった。

3　スニッフとスカリーの姿を見ただけで、ホーは、彼らが自分よりもしばらく前にチーズステーションNにたどり着いていたことを理解できた。

4　靴を首にかけながら、新しいチーズに飛びついたホーを見て、スニッフとスカリーが、なんてみすぼらしい奴だと大笑いしたので、ホーは腹立たしく思った。

5　ホーは新しいチーズを食べながら、より強く、速いスピードで迷路を進むことができた唯一の要因は、空腹によるチーズへの渇望だったのだと振り返った。

➡解答・解説は別冊 P.051

問題3　　　　　　　　　　　　　　　　　　　　　　　　　　国家一般職（2021年度）

次の文の内容と合致するものとして最も妥当なのはどれか。

In Africa around 275 million people don't have access to a decent reliable water supply. Many rural communities rely on handpumps for their daily water needs. Yet in Africa, 1 in 4 handpumps are broken at any one time. This can have a devastating effect on people's lives.

Long delays to repair out-of-action handpumps often force households to collect water from alternative distant or dirty water sources. When a pump breaks in a school, clinic or community, it usually takes weeks or months to repair. The health, education and economic costs, particularly for women and girls, are enormous but avoidable.

The Smart Handpumps project began as a DFID*-funded research project at the University of Oxford aiming to improve the sustainability of water supplies in rural Africa through innovative use of mobile data. Many handpumps in the region were frequently left broken simply because the mechanics were not aware that repairs were needed. The Smart Handpump technology, developed by Patrick Thomson of the Smith School of Enterprise and the Environment (SSEE), converts existing handpumps into 'Smart' handpumps, by installing a novel transmitter into their handles. The data from these has allowed the team to design a new maintenance model that allows a team of mechanics to act quickly to repair them faster. A trial of Smart Handpumps across two counties in Kenya reduced the average downtime of a handpump to less than three days, a huge improvement on the 30 days that pumps had previously been out of order.

《中略》

This interdisciplinary research project is now part of the wider SSEE Water Programme led by Rob Hope, and includes social science, natural science and engineering. Findings have influenced water policy in Kenya at a national level, and the approach will now be tested by UNICEF in schools in Bangladesh.

（注）*DFID：英国国際開発省 (Department for International Development)

1　アフリカの農村部では、手押しポンプにより水を確保する活動を母親の仕事とする習慣が残っているため、手押しポンプが故障した場合の影響は女性にとって非常に大きい。

2　アフリカでは、手押しポンプの故障は、修理に必要な部品の不足や専ら工具として働いている人がいないことから、しばしば放置されてきた。

3　今回のプロジェクトでは、手押しポンプが故障した場合に簡単に部品を取り替えられるよう設計するとともに、最新の材質を用いて手押しポンプを製造した。

4　今回のプロジェクトでは、改良された手押しポンプをケニアで試行したところ、故障により利用できない期間が以前に比べて短縮された。

5　今回のプロジェクトは、社会科学、自然科学、工学、公衆衛生にまたがるものとなっており、得られた成果は、アジアや中南米の各国政府の政策形成に影響を及ぼしている。

➡解答・解説は別冊 P.053

次の文の内容と合致するものとして最も妥当なのはどれか。

　A new global study found the health and environmental benefits of transforming the way we farm would outweigh heavily the cost of doing so, with the authors urging governments to do more to support sustainable agriculture. "A small disruption in supply really can do a lot of damage and leads to huge price increases," said Per Pharo of the Food and Land Use Coalition, the global alliance of economists and scientists behind the study. "That creates suffering and social unrest. And it will highly likely also lead to hunger and instability," he told the Thomson Reuters Foundation. Global over-dependence on a relatively small number of staple foods leaves populations vulnerable to crop failures, with climate change adding to the strain, the report said.

《中略》

　The damage the modern food industry does to human health, development and the environment costs the world $12 trillion a year—equivalent to China's GDP—the study found. It proposes a series of solutions, from encouraging more diverse diets to improve health and reduce dependency on specific crops, to giving more support to the types of farming that can restore forests, a key tool in fighting climate change.

　In Costa Rica, for example, the government has reversed deforestation by eliminating cattle subsidies and introducing payments to farmers who manage their land sustainably. As a result, the amount of forest cover has risen from a quarter of the country's land in 1983 to more than half today, the report said.

　The cost of the reforms it lays out are estimated to be up to $350 billion a year. But that would create business opportunities worth up to $4.5 trillion — a 15-fold return. The study said the reforms could also free up 1.2 billion hectares of agricultural land for restoration, an integral part of efforts to curb climate change and halt biodiversity loss. That is more than twice the size of the Amazon rainforest, which spans seven nations. "What we're saying is realistic if the reform agenda is implemented," said Pharo, adding that under the proposed changes, consumers would actually get slightly more affordable food.

1　報告書によれば、農作物の深刻な供給の混乱を防ぐために必要な予算は莫大であることから、先進国は発展途上国の持続可能な農業に対して積極的に支援するべきである。

2　現代においては、あらゆる国の人々が様々な農作物に依存していることから、主食の穀物に限らずどのような農作物も、わずかな供給の混乱が価格高騰につ

ながり得る。

3　中国において、近代的な食品産業がGDPに占める割合は高く、同産業が中国の人々の健康や環境に及ぼす損害額は年間12兆ドルに達している。

4　報告書が提言する改革が実行されれば、経済的な便益が大きい上、アマゾンの熱帯雨林の2倍以上に当たる面積の森林が回復すると期待できる。

5　報告書が提言する改革は、大規模なビジネスチャンスを生むとされているが、その効果が出るのは何年後か分からず、効果の検証が難しいという課題がある。

➡解答・解説は別冊 P.055

問題5

国家一般職（2022年度）

次の文の内容と合致するものとして最も妥当なのはどれか。

　The East African country of Kenya has been at the forefront of the global war on plastic since 2017, when officials outlawed plastic bags. In June 2020, the government upped the ante with a ban on single-use plastics in protected areas. Unfortunately, the preemptive measures have barely made a dent[*1]. Hundreds of tons of industrial and consumer polymer waste continue to get dumped into landfills daily. However, if 29-year-old Nzambi Matee has her way, the unsightly[*2] plastic heaps will soon be transformed into colorful bricks[*3].

　The materials engineer's quest to find a feasible solution to curb plastic pollution began in 2017. She quit her job as a data analyst at a local chemical factory and set up a small lab in her mother's backyard. It took her nine months to produce the first brick and even longer to convince a partner to help build the machinery to make them. But the determined eco-entrepreneur was confident in her idea and did not give up.

　She says, "I wanted to use my education in applied physics and materials engineering to do something about the problem of plastic waste pollution. But I was very clear that the solution had to be practical, sustainable, and affordable. The best way to do this was by channeling the waste into the construction/building space and finding the most efficient and affordable material to build homes."

　Her company, Gjenge Makers, now hires 112 people and produces over 1,500 bricks a day. The pavers are made using a mix of plastic product — ranging from empty shampoo bottles to buckets to flip-flops[*4] — that cannot be reprocessed or recycled. The polymer is obtained directly from factories or picked by hired locals from Nairobi's largest landfill, Dandora.

The collected plastic is mixed with sand, heated at very high temperatures, and compressed into bricks that vary in color and thickness. The resulting product is stronger, lighter, and about 30 percent cheaper than concrete bricks. More importantly, it helps repurpose the lowest quality of plastic. "There is that waste they cannot process anymore; they cannot recycle. That is what we get," Matee says.

（注）*¹dent：効果、影響　　*²unsightly：見苦しい
　　　 *³brick：れんが状ブロック　　*⁴flip-flops：ビーチサンダル

STEP 3

過去問にチャレンジ！

1　ケニア政府は、保護地域での使い捨てプラスチック禁止などの措置を講じているが、これらの措置によるプラスチックごみの削減効果は小さい。

2　Matee氏は、化学工場で得られたデータを活用・分析して、ブロックの製造やブロックを製造する機械に関する研究を行った。

3　Matee氏は、プラスチックごみの問題を解決し、持続可能な社会を実現するために、応用物理や材料工学の教育を行うことが必要と考えている。

4　Matee氏の会社で再利用されているシャンプーのボトルなどのプラスチック製品は、これらの製品を製造する工場がごみ処理場に廃棄したものに限定されている。

5　プラスチックごみから作られるブロックの品質は、コンクリート製のブロックより劣るが、より低いコストで生産できることから、その生産量はコンクリート製のブロックを上回っている。

→解答・解説は別冊P.057

問題6　　　　　　　　　　　　　　　　　　　　国家一般職（2023年度）

次の文の内容と合致するものとして最も妥当なのはどれか。

Since 2010, numerous public health efforts have been implemented to reduce rates of childhood obesity*¹, including Michelle Obama's Let's Move campaign and the Healthy, Hunger-Free Kids Act. Despite these efforts, rates of childhood obesity have increased, a sign that these actions may not be as beneficial as people assume, said Solveig Argeseanu Cunningham, associate professor of global health and epidemiology*² at Emory University.

Experts believe that lowering rates of childhood obesity may come down to public policy, such as improving school nutrition packages and expanding the Supplemental Nutrition Assistance Program.

"Those types of policy changes, there's some evidence that they reduce food insecurity, improve nutrition, and can improve child weight outcomes together in an equitable way," said Dr. Jennifer Woo Baidal, the director of the Pediatric Obesity Initiative at Columbia University.

However, since socioeconomic status was not a major predictor of childhood obesity, policy changes may not be enough on their own, said Dr. Venkat Narayan, the executive director of the Global Diabetes Research Center at Emory. More organized research is needed to find the factors leading to increased rates and earlier onsets of childhood obesity, as well as finding strategies to effectively prevent obesity from becoming more "severe," he added.

"Other countries keep large registries and databases, where they can have this timely surveillance[*3] of what is happening over time with individuals," Baidal said. "It's just another sign of the lack of investment in child health and obesity prevention in the United States."

（注） [*1] obesity：肥満　　[*2] epidemiology：疫学、流行病学
　　　[*3] surveillance：監視

1　小児期の肥満の割合を減らすため多くの取組が実施されており、2010年と比較すると、現在の方が実施される取組の効果が高いことが示されている。

2　Cunningham氏は、Emory大学において小児期の肥満の実験を行った結果、子ども本人が減量の努力をしても、期待どおりの効果が得られない傾向があることを指摘している。

3　専門家たちは、学校での肥満対策のみでは効果が限られていると確信しており、国レベルで肥満対策に取り組むための新たな法整備を推奨している。

4　Narayan氏は、より「重度」の肥満の子どもから優先的に、効果的な治療を開始することの必要性を指摘している。

5　Baidal氏は、他国では大規模なデータベースがあることを挙げ、米国において子どもの健康や肥満の予防に対する投資が不十分であることを指摘している。

➡解答・解説は別冊 P.059

問題7

次の文の内容と合致するものとして最も妥当なのはどれか。

Many remote workers indulged their wanderlust[*1] during the pandemic, taking their laptops and passports to far-flung destinations. Now many parts of Europe are enticing them to come stay awhile longer.

Nearly a dozen European countries, from Latvia to Croatia to Iceland, have introduced longer-term visas to attract affluent remote workers from abroad. Others, including Italy and Spain, have similar plans in the works. Many, such as Greece and Estonia, are also wooing[*2] these so-called digital nomads with tax breaks and other perks[*3].

Some European cities and villages have also started their own remote-worker campaigns as a way to boost their economies and sustain local service jobs. In Spain, for instance, a group called the National Network of Welcoming Villages for Remote Workers helps such workers settle in villages with 5,000 or fewer inhabitants. Its website lets users search participating villages for information on accommodation, Wi-Fi connection speeds and local attractions.

Some workers have taken "work from anywhere" to heart in the past couple of years. The number of Americans who identify as digital nomads — meaning those who combine remote work with travel — more than doubled to 15 million in 2021 from seven million in 2019, according to MBO Partners, which sells support services to independent contractors. Many say they want to stay untethered[*4]. In a June Gallup survey, 22% of workers who said their jobs can be done from anywhere said they plan to continue working remotely full time in 2022 and beyond.

Many digital nomads are skilled knowledge workers who earn well beyond the €2,000-€3,500 monthly income requirements of most European digital visa programs — a big reason so many countries and towns are trying to lure them.

"Countries are now competing for talent, just like companies used to compete for talent," said Prithwiraj Choudhury, an associate professor at Harvard Business School who estimates nearly three-dozen countries worldwide now provide digital-nomad visas.

（注）[*1] wanderlust：放浪願望　　[*2] woo：支持を得ようと努める
　　 [*3] perk：特典　　[*4] untethered：縛られていない

1 ラトビアやクロアチアでは、国内のリモートワーカーを対象に、税制上の新たな優遇措置を設け、リモートワークの推進に積極的に取り組んでいる。

2 ヨーロッパでは、経済の活性化のため、リモートワーカーを対象とした独自の

キャンペーンを展開している都市や村もある。

3 デジタルノマドは、長期休暇は外国旅行に行き、自国ではリモートワークを行う人々であり、米国のデジタルノマドの数はスペインの2倍である。

4 デジタルノマドの多くが勤務経験の浅い若者であるため、彼らを招致しようとする国は、スキルアップのための研修プログラムを用意している。

5 ヨーロッパでは、大手企業が競ってデジタルノマドの獲得に乗り出しており、外国での滞在費用の一部を補助するなど、金銭面でのサポートに力を入れている。

➡解答・解説は別冊P.061

問題8

国家総合職（2023年度）

次の文の内容と合致するものとして最も妥当なのはどれか。

A range of forces has pushed the Ainu language to the brink of extinction, galvanizing efforts by the government, community groups and citizens to preserve and revitalize it in a race against time. Today these include the Symbolic Space for Ethnic Harmony (Upopoy) that opened in Shiraoi, Hokkaido, in 2020 as well as projects designed to incorporate the language in daily life. For example, people can now hear announcements in Ainu on some bus routes in Hokkaido, and anyone with an internet connection can access a popular conversational Ainu channel on YouTube.

A broader long-running effort to protect the cultural identities of indigenous people is International Mother Language Day, which is observed every Feb. 21. Formally declared by UNESCO in 1999, International Mother Language Day sees a variety of worldwide events and workshops conducted to raise awareness of languages and promote multilingualism. It is also associated with the United Nations International Decade of Indigenous Languages, which kicks off in 2022.

According to the third edition of UNESCO's Atlas of the World's Languages in Danger, eight languages in Japan are endangered, including various Ryukyuan languages and Hachijo in addition to Ainu. The Ainu language is the only one designated as being critically endangered, where the "youngest speakers are grandparents and older, and they speak the language partially and infrequently." On a five-level scale with five meaning extinct, this represents level four. Formerly there were distinct Hokkaido, Sakhalin and Kuril dialects of Ainu, but today UNESCO categorizes the Hokkaido dialect as the sole remaining dialect in existence.

It is difficult to pinpoint how many people can speak Ainu, or even how many Ainu people there are. According to a 2017 survey by the Hokkaido Prefectural Government, an estimated 13,118 people in Hokkaido identify as Ainu, although the actual number may never be known, given that past discrimination forced many to hide their Ainu heritage, even at times from their own children.

Ainu is categorized as a language isolate, meaning it doesn't come from a protolanguage and cannot be linked to any language family. It is linguistically distinct from Japanese, and traditionally an oral language without an original writing system.

1 政府、企業、学校によって、アイヌ語を広める活動が行われており、行政機関の広報誌のほか、路線バスのアナウンスや小中学校の授業で、アイヌ語に触れる機会が設けられている。

2 国際母語デーの2月21日には、絶滅の危機にある母語を持つ先住民族たちが、世界各地で行われるイベントやワークショップに参加し、自らの言語を相互に教え合う活動を行っている。

3 日本では、アイヌ語のほかにも絶滅の危機にある言語が存在するが、独自の文字体系を持たないアイヌ語は、話し手の年齢が高くなっており、その危機は極めて深刻とされている。

4 アイヌ語の話し手は1万人以上いるが、北海道庁の調査によれば、過去に行われた差別から、幾つかのアイヌ語の方言は絶滅の危機に瀕していることが判明している。

5 アイヌ語は、日本語と同様にどの語族にも属さない孤立した言語で、基本的に口述しかないため、ユネスコによれば、習得する難しさが5段階評価のうち、4段階目に相当するという。

→解答・解説は別冊P.063

問題9

Select the statement which best corresponds to the content of the following passage.

If you are a parent, your greatest fear in life is likely something happening to one of your kids. According to one 2018 poll from OnePoll and the Lice Clinics of America (not my usual data source, but no one else seems to measure this), parents spend an average of 37 hours a week worrying about their children; the No.1 back-to-school concern is about their safety. And this makes sense, if you believe that safety is a foundation that has to be established before dealing with other concerns.

You can see the effects of all this worrying in modern parenting behavior. According to a 2015 report from the Pew Research Center, on average, parents say children should be at least 10 years old to play unsupervised in their own front yard, 12 years old to stay home alone for an hour, and 14 to be unsupervised at a public park. It also shows up in what parents teach their kids about the world: Writing in *The Journal of Positive Psychology* in 2021, the psychologists Jeremy D. W. Clifton and Peter Meindl found that 53 percent of respondents preferred "dangerous world" beliefs for their children.

No doubt these beliefs come from the best of intentions. If you want children to be safe (and thus, happy), you should teach them that the world is dangerous — that way, they will be more vigilant and careful. But in fact, teaching them that the world is dangerous is bad for their health, happiness, and success.

The contention that the world is mostly safe or mostly dangerous is what some psychologists call a "primal world belief," one about life's basic essence. Specifically, it's a negative primal in which the fundamental character of the world is assumed to be threatening. Primal beliefs are different from more specific beliefs — say, about sports or politics — insofar as they color our whole worldview. If I believe that the Red Sox are a great baseball team, it generally will not affect my unrelated attitudes and decisions. But according to Clifton and Meindl, if I believe that the world is dangerous, it will affect the way I see many other parts of my life, relationships, and work. I will be more suspicious of other people's motives, for example, and less likely to do things that might put me or my loved ones in harm's way, such as going out at night.

As much as we hope the dangerous-world belief will help our kids, the evidence indicates that it does exactly the opposite. In the same paper, Clifton and Meindl show that people holding negative primals are less healthy than their peers, more often sad, more likely to be depressed, and less satisfied with their lives. They also tend to dislike their jobs and perform worse than their more positive counterparts. One explanation for this is that people under bad circumstances (poverty, illness, etc.) have both bad outcomes and a lot to fear. However, as Clifton and Meindl argue, primals can also interact with life outcomes — you likely suffer a lot more when you are always looking for danger and avoiding risk.

Teaching your kids that the world is dangerous can also make them less tolerant of others. In one 2018 study, researchers subjected a sample of adults to a measure called the "Belief in a Dangerous World Scale," which asked them to agree or disagree with statements such as "Any day now chaos and anarchy could erupt around us" and "There are many dangerous people in our society who will attack someone out of pure meanness, for no reason at all." They found that people scoring high on this scale also showed heightened prejudice and hostility toward groups such as undocumented immigrants, whom they stereotypically considered a threat to their safety. This study was conducted among adults, but it is easy to see how these attitudes would migrate to their kids.

This is similar to the argument made by the writers Greg Lukianoff and Jonathan Haidt in *The Atlantic* in 2015, and in their subsequent book, *The Coddling of the American Mind.* Lukianoff and Haidt contend that when parents (or professors) teach young people that ordinary interactions are dangerous — for example, that speech is a form of violence — it hinders their intellectual and emotional growth. It also leads them to adopt black-and-white views (for example, that the world is made up of people who are either good or evil), and makes them more anxious in the face of minor stressors such as political disagreement.

1 Parents believe that they can leave a 10-year-old boy at home alone for three hours if their house is located in a safe place.

2 If parents want their children to be healthy and happy, they should teach them that the world is dangerous.

3 People who have a positive "primal world belief" tend to be healthier than those who hold a negative one.

4 Children whose parents teach them that the world is dangerous will become adults who are tolerant of others.

5 Teaching children that speech is a form of violence will promote the growth of their mind and intellectual ability.

➡解答・解説は別冊 P.065

Select the statement which best corresponds to the content of the following passage.

The climate crisis has reached a "really bleak moment", one of the world's leading climate scientists has said, after a slew of major reports laid bare how close the planet is to catastrophe. Collective action is needed by the world's nations more now than at any point since the second world war to avoid climate tipping points, Prof Johan Rockström said, but geopolitical tensions are at a high. He said the world was coming "very, very close to irreversible changes … time is really running out very, very fast".

Emissions must fall by about half by 2030 to meet the internationally agreed target of 1.5 ℃ of heating but are still rising, the reports showed — at a time when oil giants are making astronomical amounts of money.

On Thursday, Shell and TotalEnergies both doubled their quarterly profits to about $10bn. Oil and gas giants have enjoyed soaring profits as post-Covid demand jumps and after Russia's invasion of Ukraine. The sector is expected to amass $4tn in 2022, strengthening calls for heavy windfall taxes to address the cost of living crisis and fund the clean energy transition.

All three of the key UN agencies have produced damning reports in the last two days. The UN environment agency's report found there was "no credible pathway to 1.5 ℃ in place" and that "woefully inadequate" progress on cutting carbon emissions means the only way to limit the worst impacts of the climate crisis is a "rapid transformation of societies".

Current pledges for action by 2030, even if delivered in full, would mean a rise in global heating of about 2.5 ℃, a level that would condemn the world to catastrophic climate breakdown, according to the UN's climate agency. Only a handful of countries have ramped up their plans in the last year, despite having promised to do so at the Cop26 UN climate summit in Glasgow last November.

The UN's meteorological agency reported that all the main heating gases hit record highs in 2021, with an alarming surge in emissions of methane, a potent greenhouse gas. Separately, the IEA's world energy report offered a glimmer of progress, that CO_2 from fossil fuels could peak by 2025 as high energy prices push nations towards clean energy, though it warned that it would not be enough to avoid severe climate impacts.

Rockström, director of the Potsdam Institute for Climate Impact Research in Germany, said: "It's a really bleak moment, not only because of the reports showing that emissions are still rising, so we're not delivering on either the Paris or Glasgow climate agreements, but we also have so much scientific evidence that we are very, very close to irreversible changes — we're coming closer to tipping points."

Research by Rockström and colleagues, published in September, found five dangerous climate tipping points may already have been passed due to the global heating caused by humanity to date, including the collapse of Greenland's ice cap, with another five possible with 1.5℃ of heating.

"Furthermore, the world is unfortunately in a geopolitically unstable state," said Rockström. "So when we need collective action at the global level, probably more than ever since the second world war, to keep the planet stable, we have an all-time low in terms of our ability to collectively act together."

"Time is really running out very, very fast," he said. "I must say, in my professional life as a climate scientist, this is a low point. The window for 1.5℃ is shutting as I speak, so it's really tough."

His remarks came after the UN secretary general António Guterres, said on Wednesday that climate action was "falling pitifully short". "We are headed for a global catastrophe [and] for economy-destroying levels of global heating."

He added: "Droughts, floods, storms and wildfires are devastating lives and livelihoods across the globe [and] getting worse by the day. We need climate action on all fronts and we need it now." He said the G20 nations, responsible for 80% of emissions, must lead the way.

Inger Andersen, head of the UN environment programme (UNEP), told the Guardian that the energy crisis must be used to speed up delivery of a low-carbon economy: "We are in danger of missing the opportunity and a crisis is a terrible thing to waste."

Prof Corinne Le Quéré, at the University of East Anglia, UK, said: "It is fundamental to avoid cascading risks that responses to existing crises are made in a way that limits climate change to the lowest possible level."

Further reports published in the last two days said the health of the world's people is at the mercy of a global addiction to fossil fuels, with increasing heat deaths, hunger and infectious disease as the climate crisis intensifies.

1 In order to prevent irreversible changes to the environment, emissions need to be reduced by half of the agreed target of 1.5℃ by 2030.

2 Two of the large oil companies announced that they have made twice as much profit over the last quarter as a result of the end of Covid and the Ukraine invasion.

3 Although most countries have changed their energy plans as they promised at the Cop26 UN climate summit, there is still expected to be a rise in global heating by 2.5℃ by 2030.

4 Despite global geopolitical instability, countries are united in their views on climate which will enable timely collective action at a worldwide level.

5 According to António Guterres, G20 nations need to reduce emissions by 80% in order to avoid droughts, floods, storms, and wildfires from causing disaster around the world.

➡解答・解説は別冊P.068

1

内
容
把
握

2 空欄補充

STEP 1 ここに着眼しよう！

文章内の空欄にあてはまる単語やフレーズを選ぼう

　複数の単語を組み合わせた選択肢を選ぶものや、フレーズ、あるいはひとかたまりの文章を選ぶものなど、出題方法は試験種や年度によってさまざまだが、共通して、ふさわしい前置詞を選ぶ、品詞を選ぶといった大学入試のような文法が問われるものではなく、あくまでも文意に沿う単語やフレーズを選ぶ問題になっている。

　よって、文章の流れを把握し、適切な選択肢を選べるかどうかがポイントとなる。

POINT 1　選択肢に目を通す

　まず、すべての選択肢に目を通し、空欄に入れるべき単語やフレーズを確認する。このとき、本文のテーマやキーワードを推測して、手がかりにしよう。

　なお、空欄が複数あって、入る単語を組み合わせた選択肢を選ぶ問題の場合、出題者の心理として、選択肢に1つしか含まれていない単語が入る可能性は低いことを念頭に置いておきたい。

POINT 2　空欄を含む文と、その前後を読み、選択肢を検討する

　空欄補充は基本的に、空欄の前後にヒントがあるケースが多い。文章全体を読まなくても正答にたどりつける可能性があるため、時間短縮のためにも、まずは空欄を含む文と、その前後に目を通してみよう。

　最初に空欄を含む文を見て、何について述べているかを把握し、この時点で明らかに文意にそぐわない、誤りと思われる選択肢があれば消す。

　次に、空欄を含む文の、1つ前の文を見て同様の作業を行い、さらに1つ後の文を見て同様の作業を行う。前後の文まで読めば、文章の流れが見えてくるので、文意に沿う単語やフレーズを推測できる。

　空欄が複数ある場合は、それぞれの空欄について、同じ作業をして、適切な選択肢を見定めよう。

POINT 3 空欄の前後を読み返し、残った選択肢と本文の流れが合致するか再確認する

　POINT2の消去法で残った選択肢が1つであれば、それが本文と合致しているか、ここで念のため確認しよう。

　もしも明らかに合致しないものを消去していっても、×のついていない選択肢が複数残ってしまった場合は、残った選択肢に書かれている内容が本文全体の主旨と調和しているかを確かめよう。複数の選択肢が残るケースは、本文の主旨とかけ離れた内容が盛り込まれていることが多い。

コラム その英文の意味は何が決めているのか

　私たち日本人は学校で、単語の意味を辞書で調べ、文法に当てはめて解釈する方法を教わる。よって、単語の意味や文法が先に存在し、それにのっとって英文の意味が決まると錯覚しがちだ。しかし、辞書や文法理論ができる前から英文自体は存在している。それを誰かが後付けで辞書や文法としてまとめただけである。

　では、辞書や文法が決めているのではないとしたら、英文は何によって生まれているのか。

　それは、前後の文脈や状況である。書き手は自由気ままに書いているわけではなく、相手に適切に伝えるために、文脈や状況から表現の選択に際して大きな制約（意味上の共起制限）を受けている。その言語生成過程を追体験する空欄補充の出題こそ、英文読解の最も本質的なアプローチといえよう。

　なお、共起制限の方法を用いて言葉を生み出している代表例にChatGPTが挙げられる。

例題

次の英文の空所ア、イに該当する語の組合せとして、最も妥当なのはどれか。

When I started writing songs as a teenager, and even as I started to achieve some renown[*1] for my abilities, my aspirations for these songs only went so far. I thought they could be heard in coffee houses or bars, maybe 　ア　 in places like Carnegie Hall[*2], the London Palladium[*3]. If I was really dreaming big, maybe I could imagine getting to make a record and then hearing my songs on the radio. That was really the big prize in my mind. Making records and hearing your songs on the radio meant that you were reaching a big audience and that you might get to keep doing what you had set out to do.

Well, I've been doing what I set out to do for a long time, now. I've made dozens of records and played thousands of concerts all around the world. But it's my songs that are at the vital center of almost everything I do. They seemed to have found a place in the lives of many people throughout many different cultures and I'm grateful for that.

But there's one thing I must say. As a performer I've played for 50,000 people and I've played for 50 people and I can tell you that it is harder to play for 50 people. 50,000 people have a singular persona, not so with 50. Each person has an individual, separate identity, a world unto themselves. They can perceive things more clearly. Your honesty and how it relates to the depth of your talent is tried. The fact that the Nobel committee is so 　イ　 is not lost on me.

[*1] renown：名声　　[*2] Carnegie Hall：カーネギーホール
[*3] London Palladium：ロンドンパラディアム

	ア	イ
1	earlier	small
2	earlier	traditional
3	later	formal
4	later	small
5	later	traditional

POINT 1 選択肢に目を通す

まず、すべての選択肢に目を通し、空欄の内容を推測する手がかりにする。

　ア　には「earlier」または「later」、　イ　には「small」、「traditional」、「formal」のいずれかが入る。

ちなみに　イ　は、「small」と「traditional」を用いている選択肢が2つずつで、「formal」を用いているのは選択肢**3**の１つのみである。このような場合、出題者の心理として、**選択肢に１つしか含まれていない「formal」が入る可能性が低い**ことは念頭に置いておくといい。

ここで劇き出る！ ▶ 選択肢が文章の場合

　試験種や問題によっては、選択肢が文章になっていることもある。その場合は、よりいっそう、それぞれの選択肢の内容を把握してから本文を読むと時間短縮につながるはずだ。

POINT 2 空欄を含む文と、その前後を読み、選択肢を検討する

　空欄補充問題は、基本的に空欄の前後にヒントがあるケースが多く、全体を読まなくても正答にたどりつける可能性がある。時間短縮のためにも、まずは**空欄を含む文と、その前後に目を通してみよう。**

　まず、　ア　を含む、「I thought they could be heard in coffee houses or bars, maybe　ア　in places like Carnegie Hall, the London Palladium」を見ると、カンマの前後で、**前置詞inに続けて場所が2つずつ挙げられている**ことに気づく。カンマの前は「コーヒーハウスやバー」で、カンマの後は「カーネギーホール、ロンドンパラディアム」だ。「They could be heard（聴くことができる）」という内容を考えながら両者を比較すると、**歌を聴く場所として名が通っていて大きいのは明らかに後者**のため、時系列としてはおそらく**前者が前、後者が後に起きる出来事**だと考えられる。　ア　はカンマの後にあるので、この時点で、おそらく「later」が入ると推測できる。

　ここで空欄を含む前の文を見ると「renown（名声）」の語があり、後の文を見ると「dreaming big（大きな夢を持つ）」、「make a record（レコードを作る）」、「hearing my songs on the radio（ラジオで自分の曲を聴く）」といった内容が見られるので、やはり、**より大きな場所で聴かれる方が後で起こる出来事**だと考えられ、　ア　を「earlier」としている選択肢**1**、**2**を消去できる。

　次に、　イ　を含む文末の一文、「The fact that the Nobel committee is so　イ　is not lost on me」を見ると、　イ　は「ノーベル委員会」を形容していることが分かる。「not lost on」は「（人）にその意味が分かる」という意味のため、この一文だけを見れば、「small」、「formal」、「traditional」のいずれも不自然ではない。

そこで前の文を見ていく。1文前は「Your honesty and how it relates to the depth of your talent is tried.（純粋さとその純粋さが才能の深いところとどう関わっているかを試される）」、2文前は「They can perceive things more clearly.（はっきりと受け取る）」、3文前は「Each person has an individual, separate identity, a world unto themselves.（それぞれの人が個々の独立したアイデンティティと独自の世界を持っている）」と、どの語が入るか判別し難いが、さらにさかのぼると「50,000 people have a singular persona, not so with 50（5万人の人格は1つなんだけど、50人ではそうはいかない）」とある。ここで人数の多寡に触れており、**数が少ない方が難しい**と筆者が考えていることが読み取れるので、 イ には委員会の規模を示す「small」が入ると推測できる。

STEP 2

例題で解法を確認！

POINT 3 空欄の前後を読み返し、残った選択肢と本文が合致するか再確認する

以上から、 ア の消去法で残っていた3つの選択肢のうち、 イ に「small」を含む選択肢4が正答と考えられる。

念のため、ざっと本文の流れに目を通して確認しよう。

第1段落は、歌を書き始めた10代の時に、自分の曲がたくさんの人に聴いてもらえること、自分がやろうとしたことを続けられるかもしれないことを想像していた、という内容であり、やはり、**より大きな会場で歌が聞かれることの方が** ア 「later（後に）」起こったと考えられる。

第2段落は、**自分の人生や行動の中心に歌があった**ことを述べている。

そして第3段落では、どうしても1つだけ言いたいことがあるとして、「I've played for 50,000 people and I've played for 50 people and I can tell you that it is harder to play for 50 people.（5万人のためにも、50人のためにも演奏したことがあるが、50人のために演奏する方が難しい）」「The fact that the Nobel committee is so イ is not lost on me.（ノーベル委員会がとても イ という事実をわかっている）」と述べているので、「formal」や「traditional」では内容にそぐわず、やはり イ は「small（小さい）」が適切と言える。

よって、正答は ア が「later」、 イ が「small」の選択肢4である。

時間が足りない場合は、選択肢の内容と本文の合致確認はいったん飛ばして次の問題に進み、最後に時間が余ったら行うのもひとつの手だね。

（全訳）

　僕が10代で歌を書き始めた時も、才能が認められた時でさえ、歌の願望はそれほど強くなかった。僕の歌は、コーヒーハウスやバーで聴いてもらえるのかな、もしかしたら ア　後に 、カーネギーホールやロンドンパラディアムといった場所でも聴いてもらえるかもしれないぐらいに思っていた。本当に大きな夢を見ていたのだとしたら、レコードを作ってラジオで自分の曲を聴いたりすることを想像しただろうね。僕にとっては、それがとっても大きな夢だった。レコードを作ってラジオで自分の曲を聴くってことは、たくさんの人に聴いてもらえるし、自分がやろうとしたことを続けられるかもってことだったんだよ。

　まあ、僕は自分がやろうとしたことを長い間ずっと続けてきたし、今もやっているよ。何十枚ものレコードを制作し、世界中で何千回ものコンサートをしてきたさ。でも僕のすべての活動で、ど真ん中にあるのは歌なんだ。僕の歌は、文化の壁を越えてたくさんの人々の人生の中に居場所を見つけたようで、それがとっても嬉しいんだ。

　でも、1つだけ言いたいことがある。パフォーマーとして、僕はこれまで5万人のためにも、50人のためにも演奏したことがあるけど、50人のために演奏する方が難しいんだ。5万人の人格は1つなんだけど、50人ではそうはいかない。それぞれの人が個々の、独立したアイデンティティと独自の世界を持っている。彼らは5万人の1人よりはっきりと受け取るんだ。純粋さとその純粋さが才能の深いところとどう関わっているかを試されるんだ。ノーベル委員会がとても イ　小さい という事実を僕はよくわかっているよ。

英文出典：Bob Dylan, © The Nobel Foundation 2016. Published with permission from Nobel Prize Outreach 2024

STEP 3 過去問にチャレンジ！

問題1　　　　　　　　　　　　　　　　　　　　国家専門職（2023年度）

次の文の 　　　　　 に当てはまるものとして最も妥当なのはどれか。

Good sleep is hard to come by. According to the U.S. government, more than one-third of adults routinely fail to get a healthy amount of sleep, defined as a minimum of seven hours a night. If your night owl tendencies are ruining your sleep, there are steps you can take to become more of a morning person.

The first thing to keep in mind is that your bedtime to some extent is influenced by your genetics. Everyone has a personal biological rhythm, or chronotype[*1], that determines their optimal time to fall asleep and wake up. Studies show that there are many genes that nudge some of us to be morning people, some of us to be night owls, and others to fall somewhere in between.

One study published in the journal Nature Communications, for example, analyzed the sleep habits of nearly 700,000 people and identified a large number of genes that play a role in whether someone is a morning person or not. On average, people who carried the highest number of genetic variants for "morningness" tended to fall asleep and wake up about half an hour earlier than people who carried the fewest.

"Your circadian[*2] rhythm tendencies are genetic and can't really be changed," said Dr. Ilene M. Rosen, a sleep medicine doctor and associate professor of medicine at the Perelman School of Medicine at the University of Pennsylvania, referring to the body's innate 24-hour circadian cycles that govern when we wake up and fall asleep. "But the good news is that 　　　　　　　　　　."

Just because you're currently operating as a night owl doesn't mean you are destined to burn the midnight oil. It's possible you stay up past your optimal bedtime because of distractions. Many people who might naturally fall asleep around 10 p.m., for example, end up staying up until midnight to work, surf the web or binge on[*3] Netflix. That makes it harder to wake up in the morning.

But you can become more of a morning person by focusing on your morning routine.

（注）[*1] chronotype：いわゆる朝型・夜型などの生活習慣を反映した特性

　　　[*2] circadian：24時間周期の、日周期性の

　　　[*3] binge on：～にふける、～に熱中する

1 morning people have more short sleep genes than night owls
2 more than one-third of adults in the U.S. are morning people
3 there are some effective medicines to change night owls into morning people
4 you have many distractions which help you wake up early in the morning
5 we can give our clocks some cues that influence them a little bit

➡解答・解説は別冊 P.072

2

空欄補充

問題2

国家一般職（2022年度）

次の文の ☐ に当てはまるものとして最も妥当なのはどれか。

The pandemic forced us to adapt. We found new ways to work, transcending borders and time zones through video conferencing, online broadcasts, and messaging tools.

《中略》

How do we translate scaled human connection into tangible productivity? We redefine the idea of a "workplace" and a "meeting" (defined by location and time) with asynchronous*, placeless communication (defined by software that is accessible to all). And we embrace media like video as a primary way to share knowledge and information at work.

Technology has reached the point where mass adoption of video can extend far beyond meetings and events — such that every time we send an email, collaborate on a project, host a training, demo a product or pitch a customer, that interaction is enhanced with engaging, professional-quality video. Video that is then transcribable and searchable, so that the content housed within it can be made accessible across a company.

This allows us to unshackle complex, nuanced ideas from time-bound meetings, so knowledge can spread faster and be retained longer. We can ensure that everyone — no matter where they are or their personal responsibilities — has access to the same information. We can then build culture, promote collaboration and access talent in a truly global and inclusive way, breaking the limitations of "where" and "when" to greatly expand the "who" in our workforce.

For every business planning for the future: ☐ .

Imagine how much more efficient and informed we will be when over 1 billion knowledge workers become content creators, able to learn, collaborate and connect, free from the constraints of time and place.

（注）*asynchronous：同時に起こらない

1 it's time to adopt, not just adapt
2 it's time to see this chance as a crisis
3 it's time to break the boundary between office and school
4 it's time to enjoy different cultures
5 it's time to overcome difficulties in human relationship

➡解答・解説は別冊P.074

問題3

次の文の ☐ に当てはまるものとして最も妥当なのはどれか。

Insect wings have nano-pillars — or blunt[*1] spikes — which destroy bacteria on contact. Australian and Japanese scientists are creating material with nano-patterns, inspired by the insect wings. These patterns also kill bacterial cells. The new technology has major implications for food storage because so much is wasted when bacterial growth seeps[*2] into food. The new material helps shield food from bacterial contamination[*3].

《中略》

The scientists are now working on scaling up the technology to find the best way to mass produce the antibacterial packaging. But the potential applications of the technology do not stop with packaging. In an earlier 2020 review published in Nature Reviews Microbiology, the researchers detailed how potential uses might one day even include defeating drug-resistant superbugs[*4].

RMIT University's School of Science Distinguished Professor Elena Ivanova said at the time that finding non-chemical ways of killing bacteria was critical, with more than 700,000 people dying each year due to drug-resistant bacterial infection. "Bacterial resistance to antibiotics is one of the greatest threats to global health and routine treatment of infection is becoming increasingly difficult," Professor Ivanova said. "When we look to nature for ideas, we find insects have evolved highly effective antibacterial systems. If we can understand exactly ☐, we can be more precise in engineering these shapes to improve their effectiveness against infections. Our ultimate goal is to develop low-cost and scalable antibacterial surfaces for use in implants and in hospitals, to deliver powerful new weapons in the fight against deadly superbugs."

(注) [*1] blunt：鈍い、とがっていない　[*2] seep：しみ込む
　　　[*3] contamination：汚染　[*4] superbug：抗生物質に対する耐性の強い細菌

1 what types of drugs have strong effect against bacteria
2 how insect-inspired nano-patterns kill bacteria
3 what kinds of packages remove insects from food
4 how bacteria get drug-resistant characteristics
5 why a large number of people die from bacterial infection

➡解答・解説は別冊P.075

文章整序

STEP 1　ここに着眼しよう！

短めの英文を、話の流れが自然になるように並べ替えよう

　試験種や年度によって出題方法はやや異なり、冒頭部にあたる、前提となる文章が与えられていてそれに続く文を並べ替える場合と、前提となる文章がなく、すべての文を並べ替えなくてはいけない場合とがあるが、いずれにしても、ポイントは、共通するキーワードを拾いながら、接続詞や指示語を頼りに組み立てていくことになる。

POINT 1　前提となる文章を読み、テーマを把握する

　問題文に、前提となる文章がある場合は、まずその文章を読んで、全体のテーマを把握する。その際、キーワードになりそうな単語に注目しておくとよい。

> 前提となる文章がない場合はスキップしてPOINT2へ進もう。

POINT 2　テーマやキーワード、接続詞や指示語に注意し、短文に目を通す

　POINT1で推測したテーマやキーワードを踏まえた上で、与えられた短文に目を通す。

　そもそも文章整序の問題に使われる文章は、正答を導き出せるよう、論理的な流れや構成になっているため、情報が把握しやすい。よって、共通するキーワード、接続詞や指示語を頼りにして文章の流れを推測していくことで、解答ができる。

まず、同じキーワードを含む文章は、内容もつながっているケースが多いので、グループ分けをして、選択肢と見比べてみよう。これだけで100％正答にたどりつけるわけではないが、おおまかな文のかたまりを把握することは、全体の流れをつかむのに役立つ。

次に、接続詞や指示語を手がかりに、文の流れを考える。接続詞は、順接か逆接かが鍵だ。順接の場合は基本的に、すでに述べたことに追加、あるいは詳細を説明する内容が続き、逆接の場合は相反する内容が来ることに注意して、内容を確認したい。また、thisやheのような指示語、あるいはtheのような冠詞が指しているものは何かを考えると、その文の前に置かれる文章を推測しやすい。

これらを踏まえて選択肢に提示されている順番を確認し、不自然な流れがあるものは消去していく。

POINT 3 全体を読み返し、選んだ選択肢の流れに無理がないかを確認する

残った選択肢について、文章がスムーズに流れるか、接続詞や指示語の内容をチェックしながら検証して、正答かどうかを確認する。

ここで差をつける！ ► **ディスコースマーカーに注目しよう**

日本語ではあまり厳格に使用されていないが、英語の文章はディスコースマーカー（前後の関係性を示す語句、つなぎ言葉）に忠実に構成されている。文章整序は、ディスコースマーカーに注目しよう。

譲歩：主張と反対の一般論を述べる。（of course ／ certainly ／ indeedなど）
逆接：反対の内容の文をつなぎ、主張を目立たせる。（but ／ however ／ althoughなど）
対比：対になる話題を並べる。（while ／ on the other handなど）
例示：具体例を挙げる。（for example ／ for instanceなど）
言い換え：他の言い方で同じ内容を説明する。（in other words ／ that isなど）
結論：結論を述べる。（therefore ／ as a result ／ consequentlyなど）

例題

次の ☐ の文の後に、ア～エを並べ替えて続けると意味の通った文章になるが、その順序として最も妥当なのはどれか。

When it comes to providing reassurance, touch plays a major role for humans. Whether it's a squeeze of the hand or a pat on the shoulder, people intuitively use touch to provide comfort or reassurance to someone feeling sick or anxious, for example.

ア：This might sound a bit dystopian for some, but touch interactions by robots can offer a suitable substitute for similar interactions by humans and provide positive emotional experiences, according to research.

イ：Studies have shown that therapies involving touch can elicit positive emotional responses, but it can be difficult for healthcare services to provide sufficient touch-based therapy to people who might need it — an elderly person living alone, for example.

ウ：But there's a balance. Studies have also shown that while a gentle touch from a robot might be a comforting experience for some, it can also be experienced as "violent" if there isn't enough communication from the robot and no consent from the person being touched, say a group of Japanese researchers who have set out to solve the issue.

エ：The answer may lie in getting robots to comfort us instead.

1　ア－エ－イ－ウ
2　イ－ウ－エ－ア
3　イ－エ－ア－ウ
4　ウ－ア－エ－イ
5　ウ－イ－ア－エ

POINT 1 前提となる囲み内の文章を読み、テーマを把握する

　問題文に、罫線で囲まれた「文の後に、ア～エを並べ替えて続けると意味の通った文章になる」とあるので、まず、前提となる囲み内の文章を読んで、全体のテーマを把握する。

　短い文の中に2度出てくるreassuranceとtouchの語、そして、comfort、anxiousといった語、a squeeze of the hand or a pat on the shoulderという表現から、人を安心させるためのボディタッチに関する文章だと考えられる。

POINT 2 テーマやキーワード、接続詞や指示語に注意し、短文に目を通す

　テーマを踏まえた上で、選択肢に目を通していこう。

　文章整序を解く際に重要なポイントのひとつが、共通する単語、キーワードを手がかりとすることだ。

　まず、Studies have shown that...の表現がイとウの双方に含まれる。ウにはalso（～もまた）の語があることから、ウは確実に、イよりも後ろに来る。この時点で、ウが最初に来ている選択肢4と5は消去できる。

　そして、もうひとつキーとなるのがrobotの語。ア、ウ、エに共通していて、イにはrobotに関連する語がいっさい見当たらないことから、おそらくア、ウ、エはひとかたまりだと考えられるため、イがア、ウ、エの間に挟まれている選択肢1も、消去可能ではないかと推測できる。

　次に注目すべきは、接続詞と指示語だ。

　選択肢の書き出しを見ると、ウはButという逆説の接続詞から始まっており、続けて「there's a balance（バランスがある）」と述べているが、囲み内には、バランスという語を導き出せそうな複数の要素が見当たらない。よって、ウから始まる選択肢4・5はやはりふさわしくないことがここで確認できる。

　アはThis might sound a bit dystopianと始まっている。dystopianとは、極めて悪い、この世の終わりなどという意味のため、人を安心させるためのボディタッチに関する囲み内の文章をthisで受けるとは考えにくい。仮に、dystopianという語を知らなくても、続けてbut touch interactions by robots can offerと、突然囲み内には出てこないrobotの話になっているため、不自然だと気づけるはずだ。よって、アから始まる選択肢1も、やはり消去可能だと断定できる。

　ここで残った選択肢2と3を見てみよう。イに続いているのは、ウかエのいずれかだ。

　ウは先ほど確認したとおり、バランスについて述べた文章である。イは「接触を伴うセラピーが前向きな感情の反応を引き出すが、一人暮らしの高齢者といったセラピーを必要とする人に提供することが難しい場合がある」と述べており、バランスという語を導き出しそうな複数の要素は見当たらない。よって、イ→ウの流れには無理があり、選択肢2は消去できそうだ。

一方、エは「答えは、代わりにロボットに癒してもらうことにあるかもしれない」と述べている。この**The answer**はイで述べられている「**難しい場合**」に対する「**答え**」となっているので、**イ-エとなっている選択肢3は、スムーズにつながる**と言っていいだろう。

　残った選択肢3について、文章がスムーズに流れるか、検証していこう。

　前提となる囲みの文章では、**人を安心させるためのボディタッチ**について述べている。

　これを受け、イで、タッチセラピーの有効性を認めつつも、提供が難しい場合があると述べ、エで、その問題はロボットが解決してくれるかもしれないと提示する。そしてアで、マイナスの印象を受ける人もいるかもしれないが、ロボットが適切な代替手段を提供できることが研究で確認されていることを示し、最後にウで、とはいえ、ロボットからのコミュニケーションが不十分な場合にタッチが暴力的だと受け止める人もいるので、バランスが大切だ、とまとめている。

　文章として自然に流れているので、正答は**3**である。

　たとえ難しい問題であっても、共通して含まれる語を基にグループ分けをする、ひとつひとつの接続詞や指示語が示す内容を確認する、といった作業を丁寧に行うことで、正答にたどりつけるはずだよ。

---

reassurance（名）…安心
intuitively（副）…直感的に、本能的に
anxious（形）…心配で、気がかりで
dystopian（形）…極めて悪い、この世の終わりのような
according to ～…～によると

（全訳）

　安心を与えるということになると、ボディタッチが人間にとっては重要な役割をする。例えば、手を握ることや肩をポンポンと叩くにしても、人は病気や不安を抱えている人を慰めたり安心させたりするために、本能的にボディタッチをしているのだ。

ア：マイナスの印象を受ける人もいるかもしれないが、ロボットによる触れ合いは人間によるボディタッチの代替手段になり、前向きな感情経験を与えると研究により分かっている。

イ：研究では、タッチセラピーは前向きな感情の反応を引き出すことが示されている。しかし、ヘルスケアサービスにおいては、十分なタッチセラピーを、例えば一人暮らしの高齢者といった、必要としているかもしれない人に提供するのは難しいことがある。

ウ：しかし、バランスがある。ロボットがやさしくタッチすると、心が安らぐ人もいる一方で、ロボットからの十分なコミュニケーションがなく、触られる人が了承していない場合には「暴力的」と感じられる可能性もあるという研究結果もあると、この問題の解決に乗り出した日本の研究者たちは述べている。

エ：答えは、代わりにロボットに癒してもらうということにあるかもしれない。

英文出典：Ed Browne, Future Care Homes Could Have Robots That Pat Our Backs and Talk to Us, Newsweek

特別区 I 類（2022年度）

問題1

次の英文ア〜キの配列順序として、最も妥当なのはどれか。

ア One of the most popular school lunch menu items for many Japanese elementary school students is *curry rice*.

イ Of course, there are extra spicy curries in Japan, but there are also mild types of curry, which may seem contradictory.

ウ However, Japanese curry is slightly different from the spicier Indian varieties.

エ Most Japanese, both young and old, absolutely love this dish.

オ Japanese curry isn't made just to be spicy — it's also made to go well with white rice, which is a staple in Japanese cuisine.

カ This might explain its unique characteristic texture and flavor.

キ You might even call *curry rice* one of Japan's national dishes or even Japanese comfort food.

1 ア－イ－ウ－エ－オ－カ－キ
2 ア－ウ－オ－キ－イ－エ－カ
3 ア－エ－キ－ウ－イ－オ－カ
4 ア－カ－オ－エ－ウ－イ－キ
5 ア－キ－カ－イ－ウ－オ－エ

➡解答・解説は別冊 P.077

問題2

国家一般職（2022年度）

次の ☐ と ☐ の文の間のア～エを並べ替えて続けると意味の通った文章になるが、その順序として最も妥当なのはどれか。

Near the end of a long lunch overlooking tranquil Lake Geneva, a senior vice president at a leading global company confessed to us: "We have a dozen committees on digital transformation; we have digital transformation initiatives; we are going full steam on digital transformation … but no one can explain to me what it actually means."

ア：But the point the SVP[1] was making is that it has become increasingly difficult for a company to translate that answer into an action plan. Computers today can fit in your pocket or on your wrist, and the software applications that run on them increasingly enable the automation of tasks traditionally done by humans (such as managing expenses), the virtualization of hardware, and ever more targeted product and service customization.

イ：What's more, these apps[2] can reach people everywhere: Sensors embedded in devices and interfaces permit the real-time feed of data, allowing even more informed decision making and machine-driven recommendations.

ウ：This is not a new challenge — after all, computers and software have been around for decades and have brought changes both to products and services and to how we make and deliver them.

エ：At a very basic level, the answer is simple: The much-used term simply means adapting an organization's strategy and structure to capture opportunities enabled by digital technology.

In short, digital technology is no longer in the cordoned-off domain of IT; it is being applied to almost every part of a company's value chain. Thus it's entirely understandable that managers struggle to grasp what digital transformation actually means for them in terms of which opportunities to pursue and which initiatives to prioritize.

（注）[1] SVP：senior vice presidentの略　　[2] app：applicationの略

1 ア－イ－エ－ウ	4 エ－イ－ア－ウ
2 ア－ウ－イ－エ	5 エ－ウ－ア－イ
3 ア－エ－イ－ウ	

➡解答・解説は別冊P.078

次の ☐ と ☐ の文の間に、ア～オを並べ替えて続けると意味の通った文章になるが、その順序として最も妥当なのはどれか。

STEP 3

過去問にチャレンジ！

Anonymity on the internet has gotten a bad rap lately, and for good reason. The shield of anonymity has contributed to a toxic online ecosystem that is too often marred* by cyberbullying, misinformation and other social ills. Removing anonymity has the potential to foster accountability and trust.

ア：Airbnb CEO Brian Chesky echoed this sentiment in a 2013 interview, arguing that "When you remove anonymity, it brings out the best in people."

イ：This led to gains not only in economic efficiency but also, in some cases, equity.

ウ：This is not lost on tech executives, some of whom have enthusiastically advocated the removal of anonymity over the past decade. As early as 2010, Facebook's marketing director argued that "online anonymity has to go away."

エ：Early marketplaces like eBay enabled arm's-length transactions between buyers and sellers with a platform in the middle.

オ：But this overlooks an important fact: The internet needs some anonymity. To see why, consider the evolution of online marketplaces.

The relatively anonymous nature of online transactions removed markers of race, gender and other factors that sometimes were used to discriminate against customers in conventional transactions.

（注）*mar：傷つける

1　ウ－ア－オ－エ－イ
2　ウ－イ－エ－オ－ア
3　ウ－エ－オ－ア－イ
4　オ－ア－エ－ウ－イ
5　オ－エ－イ－ア－ウ

➡解答・解説は別冊 P.079

きめる！公務員試験　文章理解

カバーデザイン	野条友史（BALCOLONY.）
本文デザイン	宮嶋章文
本文イラスト	ハザマチヒロ
編 集 協 力	コンデックス株式会社、伊藤音々
協　　　　力	ユニフォトプレス
校　　　　正	佐藤千晶、多々良和臣（株式会社シナップス）
デ ー タ 作 成	コンデックス株式会社
印 刷 所	株式会社リーブルテック
編 集 担 当	髙野直子

RC

Gakken

きめる！ *KIMERU SERIES*

［別冊］

文章理解
Reading Comprehension

解答解説集

STEP **3**

きめる! 公務員試験

文章理解

解答解説

問題 1 特別区 Ⅰ 類（2013年度）·· 本冊P.026

正解：5

出典は、上田紀行『生きる意味』（岩波新書）。
まずは、形式段落ごとに筆者のイイタイコトをまとめてみる。

形式段落①
「心の時代」が説かれているにもかかわらず、私たちがいっこうに豊かさを感じることができないのは何故だろう。（問題の提起）

形式段落②
「心の時代」の「心」が誰の心なのかという出発点に全く意識が払われていないからだ。「心」は「**あなたの心**」でしかありえない。（「自身の心」が大切）

形式段落③
あなたの人生のQOL（クオリティー・オブ・ライフ）は、あなた自身が自分自身の「**生きる意味**」をどこに定めるかで決まってくるものだ。（「自身の心」が大切）

形式段落④
自分の感じ方を尊重して生きていこうということこそが「心の時代」なのだ。（「自身の心」が大切）

「『自身の心』が大切」ということを繰り返し述べているため、選択肢**5**が正解となる。

選択肢の解説

1　形式段落①でしか述べられておらず、問題提起部分である。

2　形式段落②でしか述べられていない。

3　形式段落②でしか述べられていない。

4　形式段落③でしか述べられていない。

5　形式段落②③④で繰り返し述べられており、本文の主旨として最も妥当な選択肢である。

よって、正解は**5**である。

> **QOL（クオリティー・オブ・ライフ）**…人生の質、生活の質のこと
> **オピニオンリーダー**…特定の集団の中で影響力を持つ人。世論を動かす人

問題2 特別区 I 類（2005年度） ··· 本冊P.027

正解：4

出典は、外山滋比古『日本語の個性』（中公新書）。
まずは、形式段落ごとに筆者のイイタイコトをまとめてみる。

形式段落①
どんな人間でも他人との心理的距離を考えないで生きていくことはできない。（前提となる状態の提示）

形式段落②
日本語はこのつき合い距離の表現がたいへん豊かに発達している。

　形式段落①で前提となる状態を提示し、それをふまえて形式段落②「日本語表現の豊かさ」を主張している。
　よって、「日本語表現の豊かさ」が書かれている選択肢**4**が正解となる。

選択肢の解説
1　形式段落①の1～3行目の内容で、前提となる状態の提示である。

2　形式段落①の4～5行目の内容で、前提となる状態の一例である。

3　形式段落①の5～6行目の内容で、前提となる状態の説明である。

4　形式段落②の内容で、「日本語表現の豊かさ」が書かれており、主旨として最も妥当な選択肢であると考えられる。

5　形式段落②の6～8行目の内容で、日本語表現の一例である。

　よって、正解は**4**である。

正解：3

　出典は、武者小路実篤『人生論・愛について』（新潮文庫）。
　まずは、形式段落ごとに筆者のイイタイコトをまとめてみる。

形式段落①
理性的な人間は**過ちを犯すことが少ない**。（「理性」の消極的特徴の説明）

形式段落②
理性的な人は**本能をよく御している**。（「理性」の消極的特徴の説明）

形式段落③
理性は、**激情にまきこまれやすい時、見守って過ちを犯させないようにするため**にある。（「理性」の消極的特徴の説明）

形式段落④
孔子は、「元より君子も窮する。小人は窮すれば濫す」と言った。（「理性」の消極的特徴の説明）

形式段落⑤
小人は自棄を起こしやすいが、**君子は人間の尊厳を守る**。（「理性」の消極的特徴の説明）

形式段落⑥
理性は、生命の活力を弱めるものではなく、むしろ**生命の活力を有効に生かすため**に与えられている。（「理性」の積極的特徴の説明）

形式段落⑦
他人の思惑を恐れて、したいこともできない人間は理性的な人物とは言えない。（→対偶「理性的な人は他人を恐れず、したいことができる」…「理性」の積極的特徴の説明）

形式段落⑧
理性的でない人は、**人間を進歩させたり、文明に導いたりする力がほとんどない**。（→対偶「人間を進歩させ、文明に導くのが理性的な人」…「理性」の積極的特徴の説明）

POINT
「AならばB」は対偶「BでないならばAでない」に、「AでないならばBでない」
は対偶「BならばA」に置き換えることができる。

　前半で一般的な「理性」の消極的特徴の説明を述べ、後半では解釈の視点を変え、
「理性」の積極的特徴を主張している。
よって、「理性」の積極的特徴が端的に書かれている選択肢**3**が正解となる。

選択肢の解説

1　形式段落①の1〜2行目の内容で、「理性」の消極的特徴の説明である。

2　形式段落③の2〜3行目の内容で、「理性」の消極的特徴の説明である。

3　形式段落⑥の内容で、「理性」の積極的特徴の説明が書かれており、主旨として
　　最も妥当な選択肢である。

4　形式段落⑦の1〜2行目の内容で、「理性的でない人」の説明である。

5　形式段落⑦の2〜5行目と形式段落⑧の内容で、「理性的でない人」の説明であ
　　る。

よって、正解は**3**である。

意馬心猿（い ば しんえん）…煩悩や情欲のために、心が混乱しておちつかないこと。また、そうい
　　　　　　　　　う心を抑制できないこと

〈補足説明〉
選択肢4と選択肢5はどちらも対偶「理性的な人物は、世間を怖がらず、悪口を
厭（いと）わず、誤解や他人の思惑を恐れず、したいことができる人間である。」「人間を
進歩させたり、文明に導いたりする力のある人は、自分の生活、自分の生命を自
分で導いていける。」であれば、正解になり得る。
しかし、「AならばB」と「BでないならばAでない」は真偽は一致するが、ニュ
アンス（何を強調したいか）が異なる。読解の際は置き換えて理解することも有
効だが、主旨の把握の場合は「筆者が何を強調したいか」が重要であるため、
「対偶を取れば主旨になる」選択肢は×である（対偶ではなく主旨そのものが書
かれている選択肢だけが正解となる）。
※一方で、内容把握の場合は対偶で書かれたものが正解の選択肢になることもあ
　るため注意しよう。

正解：4

出典は、青木保『異文化理解』（岩波新書）。
まずは、形式段落ごとに筆者のイイタイコトをまとめてみる。

形式段落①
過去の書物の正確でかつ面白い読み方は、それらに対してきちんと**異文化として対するところから始まる**。（一例として書物の場合を提示）

形式段落②
同様に、**日本の過去の文化全体に対しても、異文化理解という視点からもう一度見つめ直す必要がある**。

　形式段落①でわかりやすい例を先に示し、形式段落②で一般化し「**日本の過去の文化全体**」に対して異文化理解という視点からもう一度見つめ直す必要性を主張している。
　よって、「日本の過去の文化全体に対して異文化理解という視点からもう一度見つめ直す」が書かれている選択肢**4**が正解となる。

選択肢の解説
1　形式段落①の1〜2行目の内容で、一例として書物の場合を提示した箇所である。

2　形式段落①の3〜4行目の内容で、一例として書物の場合を提示した箇所である。

3　形式段落①の7〜9行目の内容で、一例として書物の場合を提示した箇所である。

4　形式段落②の内容で、「**日本の過去の文化全体に対して異文化理解という視点からもう一度見つめ直す必要性**」が書かれており、主旨として最も妥当な選択肢である。

5　形式段落②の3〜4行目の内容で、**筆者の主張に反した場合の弊害を補足した箇所**である。

　よって、正解は**4**である。

問題5　特別区Ⅰ類（2015年度）　……………………………………… 本冊P.030

正解：5

出典は、五木寛之『選ぶ力』（文春新書）。
まずは、形式段落ごとに筆者のイイタイコトをまとめてみる。

形式段落①
あえて、**年金をもらわないことを選んだ人もいる**はずだ。（「選ぶ」の一例）

形式段落②
孤独と自由を捨てて、絆を選んだ。（「選ぶ」の一例）

形式段落③
長生きだけが幸福ではないと、ナチュラル・エンドを選んだ。（「選ぶ」の一例）

形式段落④⑤
ガン宣告の際、今は本人の意志が尊重される。選択肢はいくつもあるが、**医師にまかせると判断するのが大部分**であろう。（「選ぶ」の一例）

形式段落⑥
高齢者の場合は、それも**本人の選択**である。（「選ぶ」の一例）

形式段落⑦
家族、肉親も**大きな選択を迫られる**場合が多い。（「選ぶ」の一例）

形式段落⑧
「生きる」とは**「選ぶ」**ことである。人はみずから「選ぶ」ことで自分の人生を生きている。（人生は「選ぶ」こと）

　形式段落①～⑦でわかりやすい例を提示し、最後の形式段落⑧で**「人生は『選ぶ』こと」**とイイタイコトをまとめている。
　よって、「人生は『選ぶ』こと」が書かれている選択肢**5**が正解となる。

選択肢の解説
1　形式段落①の内容で、「選ぶ」の一例である。

2　形式段落③の内容で、「選ぶ」の一例である。

3　形式段落④と⑤の内容で、「選ぶ」の一例である。

4 形式段落⑦の内容で、「選ぶ」の一例である。

5 形式段落⑧の内容で、「人生は『選ぶ』こと」が書かれており、主旨として最も妥当な選択肢である。

よって、正解は**5**である。

問題6　特別区Ⅰ類（2017年度）……………………………………… 本冊P.031

　正解：5

出典は、山田昌弘「幸福とは何か」（日本経済新聞社編『こころ動かす経済学』（日本経済新聞社）所収）。
まずは、形式段落ごとに筆者のイイタイコトをまとめてみる。

形式段落①
「豊かな家族生活」のような幸福を常に感じていくためには、**家族が経済的に豊かになり続ける**ことが不可欠。（「経済の豊かさ」が大切）

形式段落②
「豊かな家族生活」だけが幸福をもたらすとすれば、多くの人は排除されてしまう。

形式段落③
他人とつながって社会的承認を得るという**システム**が生まれ、育つことをサポートしていく必要がある。

形式段落④
新しい形の幸福を追求するにしても、経済的な豊かさを維持しなくてはならない。（「経済の豊かさ」が大切）

　形式段落①で、戦後の日本社会では「『経済の豊かさ』が大切」と述べ、形式段落②③では幸福の形が変わる必要性を述べている。しかし、形式段落④で新しい幸福の形でも「『経済の豊かさ』が大切」と述べており、繰り返し提示される「『経済の豊かさ』が大切」が主旨である。
　よって、「『経済の豊かさ』が大切」が書かれている選択肢**5**が正解となる。

選択肢の解説
1 形式段落①の1～2行目の内容だが、「経済の豊かさ」への言及がない。

2 形式段落②の1～2行目の内容だが、「経済の豊かさ」への言及がない。

3 形式段落②の3～5行目の内容だが、「経済の豊かさ」への言及がない。

4 形式段落③の2～3行目の内容だが、「経済の豊かさ」への言及がない。

5 形式段落④の内容で、「『経済の豊かさ』が大切」ということが書かれており、主旨として最も妥当な選択肢である。

　　よって、正解は**5**である。

問題7 特別区Ⅰ類（2019年度） ………………………………………… 本冊P.032

正解：1

　　出典は、茂木健一郎『本番に強い脳をつくる』（成美堂出版）。
　　まずは、形式段落ごとに筆者のイイタイコトをまとめてみる。

形式段落①
日ごろの練習やトレーニングの積み重ねがあって、本番で結果を出すことができる。（「練習やトレーニング」が大切）

形式段落②
本番で練習やリハーサルと同じような状態に自分を持っていき、なおかつやるべきことをすることで、結果がついてくる。（「練習やトレーニング」が大切）

形式段落③
イチロー選手は、いつも決まった時間に入り、決まったメニューをこなしている。（イチロー選手の場合の一例）

形式段落④
イチロー選手は、決められた練習メニューをこなすから結果を出せると考えているのだろう。（イチロー選手の場合の一例）

形式段落⑤
やるべきことをできるようにするには、本番でも無意識にできるようになっていなければならない。

形式段落⑥
本番で想定外のことが起こったとき、うまく対応できないと、やるべきことができなくなる恐れがある。

形式段落⑦

練習やトレーニングは、**本番でやるべきことを無意識に行うために**するもの。(「練習やトレーニング」が大切)

形式段落⑧

練習やトレーニングに本番のつもりで取り組むと、脳に**本番で結果を出す回路**ができる。(「練習やトレーニング」が大切)

形式段落⑨

練習やトレーニングは、「**転ばぬ先の杖**」でもある。(「練習やトレーニング」が大切)

「『練習やトレーニング』が大切」を繰り返し述べているため、選択肢**1**が正解となる。

選択肢の解説

1 繰り返し述べられている「『練習や**トレーニング**』が大切」が書かれており、主旨として最も妥当である。

2 形式段落②の1〜2行目の内容だが、「練習や**トレーニング**」の言及がない。

3 形式段落④の内容で、例として**イチロー選手の場合**を提示している。

4 形式段落⑤の内容だが、「練習や**トレーニング**」の言及がない。

5 形式段落⑧の内容で、「練習や**トレーニング**」の言及はあるが、**脳の回路形成**の記述が中心となっている。

よって、正解は**1**である。

問題8 特別区Ⅰ類(2016年度) ………………………………………… **本冊P.033**

正解:5

出典は、河野哲也『境界の現象学:始原の海から流体の存在論へ』(筑摩選書)。まずは、形式段落ごとに筆者のイイタイコトをまとめてみる。

形式段落①

新しく創造された無根拠なものを地上に普及させることがファッションである。(ファッションは創造)

形式段落②
新たな皮膚＝衣服を作り出すとは、**新しい生き物を産みだし、育てる**ことである。
（ファッションは「創造」）

「**ファッションは創造**」を繰り返し述べているため、選択肢**5**が正解となる。

選択肢の解説
1　形式段落①の2〜3行目の内容だが、「**ファッションは創造**」の言及がない。

2　形式段落①の3〜4行目の内容で、「**ファッションは創造**」の言及がない。

3　形式段落①の7行目の内容だが、「**ファッションは創造**」の言及がない。

4　形式段落①の8〜9行目の内容であり、「**ファッション**」「**創造**」の語句はあるが、「**ファッションは創造**」ではなく「**人の視線を集める**」と書かれているため、主旨とは異なる。

5　繰り返し述べられている「**ファッションは創造**」と同義の内容が書かれており、主旨として最も妥当な選択肢である。

　よって、正解は**5**である。

問題9　消防官Ⅰ類（2022年度）・・・・・・・・・・・・・・・・・・・・・・・・・・・・・・・・・・・・・・・ 本冊P.034

正解：3

出典は、池田清彦『やぶにらみ科学論』（ちくま新書）。
まずは、形式段落ごとに筆者のイイタイコトをまとめてみる。

> **POINT**
> 問題9〜12で問われているのは主旨（最もイイタイコト）ではなく**要旨**である。
> **本文全体が考慮された選択肢**を選ぼう。

形式段落①
人間が現象を認識しそれを記述するに際しては、ヒトの脳に**固有のクセ**が反映される。

形式段落②
カール・ポパーは、**反証可能性の有無**によって**科学と非科学を区分け**した。

形式段落③

観察した百羽のカラスが黒くても、「カラスは黒い」という一般命題は**成立しない**。

形式段落④

我々の脳は、**異なるカラスにカラスという同一性を抽象するクセを持っている**。

　形式段落①で「脳のクセ」を話題とし、**形式段落④**で具体的に「カラスという同一性を抽象」を述べている。

　よって、これらが記述されている選択肢**3**が正解となる。

選択肢の解説

1 形式段落②の2行目の内容だが、「脳のクセ」についての言及がない。

2 本文では黒いか白いかの判別の前に、**その鳥をカラスと認識する際の「脳のクセ」**について述べている。「黒い鳥を見た時に」が「カラスを見た時に」であれば正解となる。

3 形式段落④の内容で、**カラスという同一性を抽象する『脳のクセ』**が書かれており、要旨として最も妥当な選択肢である。

4 形式段落③の3〜5行目の内容だが、「脳のクセ」についての言及がない。

5 本文で述べられているのは「異なったカラスをすべてカラスと認識する『脳のクセ』」であり、「個別のカラスを見つけ出す」わけではない。

　よって、正解は**3**である。

反証可能性…科学の理論は、実験や観察の結果により批判や否定をされることがあるという考え。イギリスの哲学者カール・ポパーが科学と非科学を区分けする基準として提示したもの
措定（そてい）…ある事物や事象の存在を想定したり、肯定したりすること

正解：4

　出典は、橋爪大三郎『正しい本の読み方』（講談社現代新書）。
　まずは、形式段落ごとに筆者のイイタイコトをまとめてみる。

形式段落①
本には、情報にはない、**メッセージ**がある。

形式段落②
ほんとうによくあるストーリーだったら、わざわざ作品にする必要はないのではないか。

形式段落③
その作品でなければ伝えられないことがあると考えて、書いている。

形式段落④
作品以外のかたちで、伝えられるのなら、作品は書かなかった。

形式段落⑤
作品を読むと、その作品のことがわかる。

形式段落⑥
どんな本にでも、**人間はこう生きたらどうだろう**という、メッセージがある。

形式段落⑦
本と情報は、**はっきり区別しにくい**。

形式段落⑧
本は、生身の人間が、かたちを変えたものだから、**人間と付き合っていくように、本と付き合う**。

　形式段落①～⑤で「本には情報にはないメッセージがある」と述べ、それが形式段落⑥で「人間はこう生きたらどうだろうという、メッセージ」とわかる。そして最後の形式段落⑧で「**本は、生身の人間が、かたちを変えたものだから、人間と付き合っていくように、本と付き合う**」と述べている。
　よって、これらが記述されている選択肢4が正解となる。

CHAPTER

1

現代文

選択肢の解説

1 本文のまとめとなっている形式段落⑧の内容とは**異なる**。著者は説明したくて執筆しているわけではない。

2 本文のまとめとなっている形式段落⑧の内容とは**異なる**。「著者の主張や価値観」は「情報」であり、「情報」を読み解いて理解する必要については、本文では述べられていない。

3 本文のまとめとなっている形式段落⑧の内容とは**異なる**。生命が込められているのは、文学作品の主人公や登場人物に限定されない。

4 本文のまとめとなっている形式段落⑧の内容であり、**要旨として最も妥当な選択肢**である。

5 本文のまとめとなっている形式段落⑧の内容とは**異なる**。本の生命は失われていない。

よって、正解は**4**である。

問題 11 消防官Ⅰ類（2022年度） ………………………………… **本冊P.036**

正解：1

出典は、上田紀行『生きる意味』（岩波新書）。
まずは、形式段落ごとに筆者のイイタイコトをまとめてみる。

形式段落①
私たちの到達点は、自分自身で自らの「生きる意味」を創造していく社会であって、それは**ひとりひとりがオリジナリティーのある生き方を獲得する社会**である。

形式段落②
私が私自身の「生きる意味」を創造する中で結果的に他人と同じ結論に至るのならば、それは私のオリジナリティーなのだ。

形式段落③
「生きる意味」の創造者としての発言や行動なのか、「生きる意味」を抑圧された者としての発言や行動なのかによって、同じことを言い、行動しても、**オリジナリティーの次元が異なってくる**。

形式段落④

私が「かけがえのない」存在であるということは、**自分自身の人生にオリジナリティーがあるかどうか**、自分自身が「生きる意味」の創造者となっているかどうかの問題である。

　形式段落④が本文のまとめになっており、「私が『かけがえのない』存在であるということは、**自分自身の人生にオリジナリティーがあるかどうか**、自分自身が『生きる意味』の創造者となっているかどうかの問題である」が記述されている選択肢**1**が正解となる。

選択肢の解説

1 本文のまとめになっている**形式段落④**の内容で、**要旨として最も妥当な選択肢**である。

2 本文のまとめになっている形式段落④の内容とは**異なる**。他の人と同じか違うかは重要ではない。

3 本文のまとめになっている形式段落④の内容とは**異なる**。発言や行動そのものではなく、自分自身が創造したかが重要である。

4 本文のまとめになっている形式段落④の内容とは**異なる**。「他の人とは違う」は重要ではない。

5 選択肢の文中に**矛盾**がある。「かけがえのない」は「交換不可能」であり、「**かけがえのない**」と「**交換可能**」は**両立し得ない**。「交換可能」が「交換不可能」となっていたら正解になり得る。

　よって、正解は**1**である。

かけがえのない…かわりになるものがない（＝唯一無二）

正解：5

出典は、岡田英弘『歴史とはなにか』（文春新書）。
まずは、形式段落ごとに筆者のイイタイコトをまとめてみる。

形式段落①
歴史には、「よい歴史」と「悪い歴史」がある。

形式段落②
歴史家がめざすものは、**歴史的真実**だけだ。

形式段落③
「よい歴史」とは、史料のあらゆる情報を、**一貫した論理で解釈できる説明（歴史的真実）**のこと。

形式段落④
だれの立場から見て論理を一貫させるのか、ということが問題となる。

形式段落⑤
だれの立場からというのは、「**普遍的な個人の立場**」とでも言うしかない。

形式段落⑥
歴史をつくるのは個人としての歴史家なのだから、歴史家が、**豊かな個性を持っていなくてはいけない**。

形式段落⑦
歴史家個人が、個性的であることを極限まで追求すれば、普遍的な歴史が可能になる。

　形式段落⑥⑦が本文のまとめになっており、「**歴史家個人が、豊かな個性を持っていなくてはいけない**」が記述されている選択肢**5**が正解となる。

選択肢の解説
1　本文のまとめになっている形式段落⑥⑦の内容とは**異なる**。判断ではなく「歴史をつくる」点が話題となっている。

2　本文のまとめになっている形式段落⑥⑦の内容とは**異なる**。「よりよい歴史」を書くにはどうすればよいかが重要である。

3 本文のまとめになっている形式段落⑥⑦の内容とは**異なる**。「悪い歴史」については話題の中心にしていない。

4 本文のまとめになっている形式段落⑥⑦の内容とは**異なる**。歴史を「誰もが納得できる一貫した論理で解釈する」ためには豊かな個性が必要である、というのが要旨である。

5 本文のまとめになっている形式段落⑥⑦の内容で、「**歴史家個人が、豊かな個性を持っていなくてはいけない**」が書かれており、要旨として最も妥当な選択肢である。

よって、正解は**5**である。

1 2 内容把握

問題1 　国家一般職（2013年度） ·· 本冊P.044

正解：2

出典は、原研哉『デザインのデザイン』（岩波書店）。
まずは、形式段落ごとに筆者のイイタイコトをまとめてみる。

形式段落①
デザインもアートも、感覚器官でキャッチできる対象物を操作する「**造形**」という方法を用いる。（両者の共通点）

形式段落②
アートは、個人が**社会に向き合う個人的な意志表明**で、発生の根源はとても個的である。（アート＝個的）

形式段落③
デザインは、**問題の発端を社会の側に置いている**。（デザイン＝社会的）

選択肢の解説
1 前半部分は、**形式段落①**9〜10行目にあるように正しい。しかし、3〜6行目で「オーガニゼーションへと向かう明晰で合理的な意識」はモダニズムの基本であり、デザインの考え方だと述べており、**アートにはあてはまらない**。

2 本文の**全体的な内容と合致している**。正答が**イイタイコトの端的な説明**（要旨）

になっているため、選びやすい問題となっている。

3　形式段落③に、デザインは基本的には自己表出が動機ではないとは述べられているが、**個人的な意志表示を入れるべきではないとは述べられていない**。

4　形式段落②の4〜7行目にあるように、アーティストの社会への向き合い方や、そのアートが生まれた背景を把握する必要性は、**第三者のアートのつきあい方**として述べられていない。

5　形式段落③に、デザインの魅力は、社会の多くの人々と共有できる問題を発見し、それを解決していくというプロセスの中に、人類が共感できる価値観や精神性が生み出され、それを共有する中に感動が発生するというものだと述べられているが、**デザイナーが強制的にそう表現しなければならないとは述べられていない**。

よって、正解は**2**である。

> **テクスチャー**…物の質感、手触り、生地の織り方
> **オーガニゼーション**…編成、組織

問題2　裁判所職員（2016年度）……………………………………… 本冊P.045

正解：2

出典は、野矢茂樹『哲学な日々　考えさせない時代に抗して』（講談社）。
まずは、形式段落ごとに筆者のイイタイコトをまとめてみる。

形式段落①
色が感覚だというのならば、誰も見ていないところでは物は色をもたないことになる。無色の世界が私の心に色感覚を引き起こすのではなく、**世界そのものが色に満ちていると私は考えたい**。

形式段落②
暗闇でバラはなおも赤いのだろうか。色が物の性質ならば、暗闇でバラは赤いと考えねばならないように思われる。私は暗闇のバラを想像するときにそこに光がないことを忘れているのではないか。

形式段落③
色が物の性質ではないということなのではないか。色は、物から光が反射して、そ

れによって主観の内に引き起こされる**感覚なのではないか**。そうだとすると、誰も見ていないところではバラは赤くないことになる。だが、そうは考えたくない。

形式段落④

私は困っていた。

形式段落⑤

光は主観の内に色感覚を引き起こすための条件ではなく、虹の場合と同じく、**色が存在するための条件**なのだ。

形式段落⑥

色は感覚でも物の性質でもなく、**世界の中に生じたできごと**なのだ。

選択肢の解説

1 形式段落①の6～7行目に「無色の世界が私の心に色感覚を引き起こすのではなく、世界そのものが色に満ちている。」と筆者の考えが述べられているが、その逆の内容であり、特にそれが**一般に広く受け容れられているとは、どこにも述べられていない**。

2 形式段落①の1行目と②の1～2行目の内容と一致している。難度の高い本文の出題の場合、複雑な記述の選択肢は引っ掛けで、**単純な記述の選択肢が正答であることが多い**（本問でも正答が最も短く単純な記述となっている）。

3 形式段落②には「いっさいの光を奪われた真の暗闇」の仮定が記述されているが、選択肢3の説明では「光源があっても」と光の存在を認めているため、「**光は伝わり**」「**バラは色をもつことができる**」となる。

4 形式段落⑤の4～6行目に、「光は主観の内に色感覚を引き起こすための条件ではなく～」と述べられているため、**正しい内容ではない**。

5 形式段落⑥には「**色は、世界の中に生じたできごと**」と述べられており、「世界という共同体が全体として認識するできごとである」とは**述べられていない**。

よって、正解は**2**である。

問題3 国家一般職（2014年度）・・・ 本冊P.047

正解：1

出典は、國分功一郎『スピノザの方法』（みすず書房）である。

この問題は、形式段落が1つだけの文章である。

形式段落①
問題提起とその答えがこの文の要点である。問題提起は「一般に方法が議論の対象となるとき、なぜ、『方法とは何か』が問われないのか？」である。その答えは、「なんらかの共通了解のうえに立っているからだ」である。

選択肢の解説
1 この文の内容として正しい。正答がイイタイコトの端的な説明（主旨）になっているため、選びやすい問題となっている。

2 2行目に、選択肢の内容とは逆で、「『方法とは何か』が問われることはほとんどない」と述べられている。

3 主部が本文の内容と異なっている。「『方法とは何か』という問い」ではなく、11行目にあるように「『どんな方法が用いられているか』という問い」である。

4 「完全に一致した共通了解」とは述べられていない。

5 筆者は「どんな方法が用いられているか」を意識して研究することを問題視してはいない。

　　よって、正解は1である。

問題 4 裁判所職員（2020年度） ………………………………………………… 本冊P.048

　正解：2

　出典は、島田雅彦『深読み日本文学』（集英社インターナショナル）。
　まずは、形式段落ごとに筆者のイイタイコトをまとめてみる。

形式段落①
人類はおよそ七〇〇万年前に誕生したが、現在まで生き残っているのは「ホモ・サピエンス」ただ一種類だけである。

形式段落②
なぜか人類の場合はホモ・サピエンスしか生き残れなかった。

形式段落③
現生人類が言語能力を獲得したのは、ここでは七万五〇〇〇年前としておく。

形式段落④
人類の言語獲得を証明するのは、地層から出土した遺物で、七万五〇〇〇年前よりも古い地層からは一目見て用途がわかるものしか出土していない。

形式段落⑤
七万五〇〇〇年前に現生人類が住んでいたとされる南アフリカのブロンボス洞窟からは、二〇〇〇年に幾何学模様が刻まれた土片が、二〇〇四年にはビーズ状になった貝殻が発見された。

形式段落⑥
実用的ではないものを作製したことは、人類が「象徴機能」を身に着けた証とされている。

形式段落⑦
言葉とは、「現実にはないもの」を記号に置き換えて表現することで、それを「象徴機能」と言う。

選択肢の解説

1 形式段落⑥の1行目では、複雑な文節言語を使いこなすためには、物事を象徴化・抽象化する能力が必要であると述べている。しかし、言語を獲得したことにより、象徴化、抽象化する能力を持つようになったとは述べられていない。

2 形式段落⑤⑥の内容に合致する。筆者は、現生人類の言語能力の獲得時期を七万五〇〇〇年前と仮定しており、正答はその端的な説明（主旨）になっているため、選びやすい問題となっている。

3 形式段落③では、言語能力の獲得時期に関して諸説あると述べているが、その理由については述べられていない。

4 形式段落④〜⑥から、現生人類が言語を獲得したと証明されるのは、出土品に使用用途がわかる実用性があるものから、使用用途のわからないものがみられるようになったからである。後者から前者が作製されたわけではなく、選択肢の内容とは合致しない。

5 形式段落②の2行目に「なぜか人類の場合はホモ・サピエンスしか生き残れませんでした」とあるが、その理由は不明で最後まで述べられていない。

よって、正解は**2**である。

正解：1

出典は、見田宗介『現代社会の理論：情報化・消費化社会の現在と未来』（岩波新書）。

まずは、形式段落ごとに筆者のイイタイコトをまとめてみる。

形式段落①
貧困は、金銭を必要とする生活の形式の中で、金銭をもたないことにある。貨幣からの疎外の以前に、貨幣への疎外がある。

形式段落②
貨幣を媒介としてしか豊かさを手に入れることのできない生活の形式の中に人びとが投げ込まれる時、貨幣が人びとと自然の果実や他者の仕事の成果とを媒介する唯一の方法となり、「所得」が人びとの豊かさと貧困、幸福と不幸の尺度として立ち現れる。

形式段落③
「南の貧困」や南の「開発」を語る多くの言説は、認識として的を失するだけでなく、政策としても方向を過つものとなる。

形式段落④
世界中に「貧困層」や「極貧層」がいるという言説は、原理的には誤っているし、長期的には不幸を増大するような、開発主義的な政策を基礎づけてしまうことになるだろう。

選択肢の解説

1 形式段落①の内容と合致している。本文の主旨ではなく、理論の前提となる説明が正答となっており、やや選びにくい。ほかの選択肢を丁寧に確認する必要がある。国家公務員試験では、細かい箇所が正答となる問題もしばしば出題される。

2 本文において、この内容はどこにも述べられていない。

3 形式段落④に関わる選択肢の内容といえるが、選択肢では「開発主義的な政策」に対して「有効」「資する」と肯定的表現となっており、本文では「長期的には不幸を増大するような」と否定的表現となっている。

4 形式段落②では、「貨幣を媒介としてしか豊かさを手に入れることのできない生

活の形式」となると、「『所得』が人びとの豊かさと貧困、幸福と不幸の尺度として立ち現れる」と述べており、逆の因果関係で表現されている。

5 形式段落①②に関わる選択肢の内容であるが、それが、「普遍的に成立しているか」どうかについては述べられていない。

よって、正解は**1**である。

問題6 国家一般職（2018年度）………………………………………………… 本冊P.050

正解：3

出典は、真木悠介『時間の比較社会学』（岩波現代文庫）。
まずは、形式段落ごとに筆者のイイタイコトをまとめてみる。

形式段落①
近代的自我の文学の到達点であるプルーストの小説は、あの目ざめの「最初の瞬間」からくりかえしはじまっている。

形式段落②
われわれの人生の持続にわりこむ死、「断片的、継起的な」死とはどういう死なのだろうか。瞬間ごとにわれわれの実存を帰無し、次の瞬間には見知らぬ他者をわれわれの内に生みだすかもしれないような死だ。

形式段落③
「われ信ず」「われ思う」「われ感ず」ということは、人間が自分自身の存在感、実存のリアリティをとりもどすために要請し、発見してきた条件法であった。

形式段落④
彼らの存在感は、風を送らねば消えはててしまう炎のように不安定なものだ。信仰や思惟や感覚は生命の風で、そうした条件法を主題として追求してきた。近代をその総体として問題とするわれわれにとって、その主題は反転されねばならない。

選択肢の解説
1 形式段落①に関わる内容といえるが、プルーストの小説が近代的自我の文学の到達点に達した理由については述べられていない。

2 形式段落②に関わる選択肢の内容といえるが、死に対し、人々が必死に抵抗する理由については本文で述べられていない。また本文では「人生の持続にわりこむ死」の例えとして「見知らぬ他者」を持ち出している。

3 形式段落④の内容と**合致している**。難度の高い本文の出題の場合、複雑な記述の選択肢は引っ掛けで、**単純な記述の選択肢が正答であることが多い**（本問でも正答が最も短く単純な記述となっている）。

4 形式段落③では、「われ信ず」「われ思う」「われ感ず」ということが「**強迫的な条件法であった**」と述べられているのに対して、選択肢では「『**われ信ず**』という信仰上の強迫的な教え」および「『**われ感ず**』という**感覚上の解決形態**」と記述されている。

5 形式段落③④に関わる内容で、「**近代をその総体として問題とする**」ための**必要条件**を述べたものになっているが、本文では**述べられていない**。

よって、正解は**3**である。

| 問題7 | 国家一般職（2022年度） | ……………………………………… **本冊P.052** |

正解：3

　出典は、藤原辰史『ナチスのキッチン「食べること」の環境史（決定版）』（共和国）。
　まずは、形式段落ごとに筆者のイイタイコトをまとめてみる。

形式段落①
ヒトは、別の動植物やその加工品を加えることで、味覚を刺激する消化しやすい食べものを作り上げる。この技術は、各家庭、各共同体で、代々、口頭で伝承されてきた。

形式段落②
調理術は生活と美の交点に位置するもので、調理は反復の多い「芸術」であった。文字社会が社会の隅々まで普及しはじめたとき、調理術のマニュアルであるレシピと、それをまとめたレシピ集が登場した。

形式段落③
レシピは、自然を消化する方法について書かれた食の設計図であり、測定不可能な調理という芸術世界を文字と数字で再現したものである。しかし、それだけではその深遠さは表現できるものではなかった。

形式段落④
うまみの成分が一定の化学物質に由来することが突き止められてから、調理術の世界において、栄養学が徐々に幅を利かせるようになっていった。

形式段落⑤

栄養学は、**ヴィタミンに並々ならぬ執着をみせた。**また、**自然とのつながりを調理の芸術家たちに再び意識させる**きわめて意義深いものであった。

選択肢の解説

1 前半部分は形式段落①に述べられているが、「台所は、無駄な装飾が排除された調理のためだけの空間となった。」とは**述べられていない。**

2 前半部分は形式段落②に述べられているが、「身近な『芸術』として親しまれてきた」とは**述べられていない。**

3 形式段落①〜③（特に③）に同様の内容が**述べられている。**本文の主旨ではなく、**説明の過程部分が正答となっているため、やや選びにくい。**

4 形式段落④に「栄養学が徐々に幅を利かせるようになっていく」と述べられているが、その因果関係が異なっている。選択肢では、「調理への関心が高まった結果」とされているが、本文では食が「化学式によっても表現されるようになる」という旨の記述がある。また、「多種多様な調理術の画一的な表現が要請されるようにな」ったとは、本文では**述べられていない。**

5 形式段落⑤では、「食を偏った方向へと進めていく産業社会」と記述されており、「自然とのつながりを軽視する産業社会」とは**述べられていない。**

よって、正解は**3**である。

問題8 **国家一般職（2016年度）** ································· **本冊P.054**

正解：4

出典は、苅谷剛彦「教育課程と教室空間・学校空間」（天野郁夫、藤田英典、苅谷剛彦著『教育社会学』（放送大学教育振興会）所収）。

まずは、形式段落ごとに筆者のイイタイコトをまとめてみる。

形式段落①

教室という空間の特徴は、**空間の向きを自明のものとして特定している。**

形式段落②

教室空間の特徴は、そこにいる人びとに対して、**どこが自分の占めるべき場所なのかを、暗黙のうちに示し、そこにいることを強制している。**

形式段落③

教室の空間的配置は、そこで行われるコミュニケーションが、**前方から後方へという流れを中心に行われる**ことを前提にしている。

形式段落④

教室空間の特徴は、**コミュニケーションのあり方に「前から後ろへ」の特定のかたちが与えられる**ということである。

形式段落⑤

学校の教室という空間は、**教育という営みの基本的な形式を示している。**

選択肢の解説

1 形式段落③で、「こうした関係は、教室の空間的な特徴によってあらかじめ決められている」とあり、「教師が教室の『前方』にいること」が要因ではない。

2 形式段落②に「物理的な資源の並び方、置かれ方に特定の形式をもつ教室空間」とあり、教室空間自体によって配置が強制されるように述べている。「黒板、教卓、机、椅子などの並び方や置かれ方によって」教室空間が決まるのではない。

3 形式段落④に関わる選択肢の内容といえるが、本文では**教師の発話が教室以外で意味を持つかどうかについては述べられていない。**

4 形式段落③〜⑤の内容と合致している。本文の主旨である「**前方から後方へ**」という**教室の空間的特徴**が端的に示された選択肢が正答になっており、選びやすい問題である。

5 形式段落③④で「そこで行われるコミュニケーションが、前方から後方へという流れを中心に行われる」「『前』に立つ人が発するメッセージを、『後』にすわっている人びとが受け取る」とあり、**前から後ろへの一方的な流れを強調している**。筆者の提示する空間的特徴は「黒板の前に立つ人(≒大人)が、メッセージを発する**中心**であり、その人物に向かい合う複数の人びと(≒子ども)は、その**受け手である**」という「**大人に子どもが向かい合う**」関係であり、「**子どもと大人が向かい合う**」対等な関係とは異なる。

よって、正解は4である。

正解：3

　出典は、池内了『科学の限界』（ちくま新書）。
　まずは、形式段落ごとに筆者のイイタイコトをまとめてみる。

形式段落①

従来から推し進めてきた科学（要素還元主義）の方法に大きな限界を感じざるを得ない、というのが現状なのではないだろうか。

形式段落②

「要素還元主義」は見事に成功し、ほとんどの科学はこの方法に準拠していると言っても過言ではない。それが現代の科学信仰の源泉でもある。

形式段落③

現実に私たちが当面する問題の多くは非線形が重要な役割を果たしており、それはなかなか解けない。そうした認識において、万能ではない科学をどう考えるのかが問われることになった。

選択肢の解説

1　形式段落①②に関わる内容であるが、選択肢の内容は「非線形世界を探る方法」を主題としながら、「要素還元主義」の説明となっている。

2　「非線形世界」に対して、形式段落①では無限の可能性があり調べ尽くすことは困難、形式段落③では「後回しとしてきた」「なかなか解けないから、脇においてきた」と述べられており、「要素還元主義」の適否については触れられていない。

3　形式段落①③の内容と合致している。本文の主旨である「非線形の重要性」「要素還元主義の限界」が端的に示された選択肢が正答になっており、選びやすい問題である。

4　形式段落③で「要素還元主義」が成功したのは「すべての過程を線形に帰着させることによって問題を簡明化し、その範囲で威力を発揮できたためである」と述べられている。また、形式段落②で「要素還元主義」が成功したことが科学信仰の源泉となったという旨の記述があり、選択肢とは因果関係が逆である。

5　形式段落①では「従来から推し進めてきた科学の方法に大きな限界を感じざるを得ない、というのが現状」、形式段落③では「万能ではない科学をどう考える

のかが問われることになった」とある。だからといってそれらの表現が「信仰を失った」ことを示すものではなく、また、そうした言及はなされていない。

よって、正解は**3**である。

問題 10 国家一般職（2015年度）……………………………………………… 本冊P.056

正解：5

出典は、湯川秀樹『目に見えないもの』（講談社学術文庫）。
まずは、形式段落ごとに筆者のイイタイコトをまとめてみる。

形式段落①
私ども自然科学を専門とする人間にとっては、教養などという漠然たる題目は大変苦手である。また、空に物を考えることは、物理学者にとって苦痛であると同時に危険でもある。

形式段落②
著者自身が研究した部門に関する知識は、著者の人間の中にじゅうぶんに浸透しているから、読者も書物を通じて知らず知らずの間に著者の人間に接し得るであろう。ある自然科学書が真に一般人の教養に役立つか否かは、主として著者の心構えとか気魄とかが、その内容を通じて感得せられるか否かにあると思われる。

選択肢の解説

1 形式段落①に関わる内容だが、「教養のような漠然とした題目について考える際にも当てはまる」とは述べられていない。

2 形式段落②の冒頭部分では「やはり何か定まった対象に関する知識の修得を意味しているではあろうが、その対象が何であるかはむしろ従であって」と表現されており、主眼点は「知識の修得の対象が何であるか」ではないと述べられている。また、「実用性が求められる」とは述べられていない。

3 形式段落②の中段部分に関わる内容である。「教科書ふうに書かれている」ことに対して、選択肢では「予備知識のない読者が漠然と読むことで、教養を修得することができる。」と肯定的であるのに対して、本文では「単に教養を得ようという漠然たる気持で読む人々にとっては、それが必ずしも適当でない場合が多いのである」と否定的であり、明らかに相違している。

4 形式段落②の後段部分に関わる内容である。読者の受ける感銘に差が生じる理由について、選択肢では「人間性よりも」と人間性を従として扱い「知識が分

かりやすい言葉で」と言葉を主として考えているが、本文では「著者の態度い
かんによって」と人間性を主として考えており、その点に相違がある。

5 形式段落②で主張している内容と合致する。全体的に否定的な内容が中心であ
るが、その中でも肯定的に評している部分（本文の主旨）が正答となっている
ため、選びやすい問題となっている。

よって、正解は5である。

問題11 国家一般職（2014年度） ………………………………………………… 本冊P.058

正解：3

出典は、杉田敦『政治的思考』（岩波新書）。
まずは、形式段落ごとに筆者のイイタイコトをまとめてみる。

形式段落①
経済については国際的な取り決めが多く、一国で勝手に決められる範囲がほとんど
ない。

形式段落②
そもそも市場は国境に制限されるものではなく、交換は地表全体に広がりうる。

形式段落③
主権国家の権力は、かなりの程度、陳腐化している。

形式段落④
経済が国境線を越えてしまう以上、経済ナショナリズム、つまり国民という群れの
中に市場を閉じ込めようとすることも現実的ではない。

選択肢の解説
1 形式段落①で政治が「決められない」ことの要因の最大のものが「グローバル
　化した市場にある」と述べられている。「国家権力は他の何よりも優先されるべ
　きだという考え方」は、政治が「決められない」要因として述べられていない。

2 形式段落①②に関わる内容だが「国の主権的な決定が大きな意味をもたなくなっ
　た」から「通貨の価値はグローバル市場で決まるようにな」ったわけではなく、
　その因果関係は真逆である。また、本文では「左右することはほとんどできま
　せん」と述べられている。

3 形式段落①②で主張している内容と合致する。正答が**イイタイコト**の端的な説明（主旨）になっているため、選びやすい問題となっている。

4 形式段落③では、「法（国家権力）より経済が優先するという考えになることで、主権国家が相対化されつつある現状を正しくとらえることができる」という意味の文章が述べられており、**因果関係の記述に相違がある**。

5 形式段落②では「ある国の主権的な決定が大きな意味をもたなくなりました」とあり、**主権的な権力で市場を左右すること自体が難しいことが述べられている**。また、近代においては、「国境を越えた交換活動のほうが主要になって」いて、「国民国家ごとの経済単位、つまり国民経済が想定されていましたが、もはやその中で経済が完結することはなくなりました」とあり、選択肢の「経済のグローバル化を止めることができる」とは**真逆の記述である**。

よって、正解は**3**である。

問題 12 国家総合職（2014年度） ··· 本冊P.059

正解：1

出典は、湯川秀樹『目に見えないもの』（講談社学術文庫）。
まずは、形式段落ごとに筆者のイイタイコトをまとめてみる。

形式段落①
書物は思想の凍結であり、結晶である。

形式段落②
自分の平素考えたこと、書きしるしたことが活字となり、一冊の書物となるごとに、私は、現在自分の中に生きている思想をもっと忠実に表現してみたいという強い要求を感ずる。

形式段落③
自分の思想が書物の形となることで、万人の共有物として、さまざまな批判検討を受けなければならない。それ故にこそ、著者自身にとっては、さらに前進するのに最も都合よい基地となり、他の多くの人達の心にも新鮮な栄養・強い刺戟を与え得るのである。

形式段落④
書物の題名こそはさらにその全内容の結晶する核である。それどころではなく、著者の心の中に湛えられている微妙な気持をさえも、題名からくみ取り得る。

選択肢の解説

1 形式段落③の内容と合致する。本文の主旨ではなく、補足的側面の説明が正答となっているが、理解しやすい箇所であり難度は高くない。

2 形式段落②に「思想の進歩や成長がやまぬ限り、のがれ難い運命であろう」とある。「技術の進歩によりやがて解消されるであろう」とは述べられていない。

3 「著者の心情を表すもの」ではなく、形式段落④に「著者の心の中に潜えられている微妙な気持をさえも、題名からくみ取り得る」と述べており、「読者がくみ取るもの」と説明されている。

4 形式段落①に「紙の上に印刷されると、何人の目にもはっきりした形となり、もはや動きの取れないものとなってしまう」とあり、「初めてその内容を正確に理解することが出来る」とは述べられていない。

5 形式段落②に関わる内容であるが、本文では「古い書物」に対しては何も述べられていない。

よって、正解は1である。

問題 13 国家専門職（2013年度）⋯⋯⋯⋯⋯⋯⋯⋯⋯⋯⋯⋯⋯⋯⋯⋯ 本冊P.061

正解：2

出典は、田中克彦『名前と人間』（岩波新書）。
まずは、形式段落ごとに筆者のイイタイコトをまとめてみる。

形式段落①
従来の論理学者の固有名詞に関する考え方には、人間は弁別された個をどの程度必要とするのか、社会のあらゆる連関から切り離された個などがあり得るのか、弁別は何のために必要なのかという視点を欠いていた。

形式段落②
社会的な観点を欠いた見方は、人間を個別化させると同時に、共属関係をも作り出すという、固有名詞のもう一つの本質を消し去ってしまう。

形式段落③
固有名詞は原義が無視され、その意味がかすんでも、賦活（ふかつ）される可能性をとどめている。また、オトのつながり方のパターンは、その名が、何語に属しているかを教えている。

形式段落④

人は名前をつけるときに、その言語からはずれないようにこころしていることになる。

形式段落⑤

固有名詞の弁別性、それとは逆方向の、所属性、共属性という性格があらわになってくる。人は名づけにおいてすら所属する共同体の強い圧力を受けていることになる。

選択肢の解説

1 形式段落②によれば、ニコーノフが述べたロシアの農村の事例は、固有名詞が個体、とりわけ人間を、個別化させると同時に、共属関係をも作り出すことの例である。

2 形式段落③⑤の内容と合致する。本文の主旨ではなく、例示部分が正答となっており、やや選びにくい。

3 形式段落③に「ジョン・レノンは日本語の名のパターンに、まずオトとしてあてはまらないのに対し、オノ・ヨーコの方は、聞いてすぐにその枠の中に入れられる」と述べられている。よって、「それが属する特定の言語をすぐに判断することが出来る」のは、ジョン・レノンではなくオノ・ヨーコである。また、「かりに意味はゼロだ(≒普通名詞とつながっていない)としても、オトのつながり方のパターンは……」から「オトのつながり方のパターンは普通名詞とつながっている」も誤りである。

4 形式段落②⑤に関わる内容である。「純論理主義的な見方」は「社会的、文化的要因を捨象」した見方であるから、固有名詞からその特定の言語がもつ性格を捉えることはできない。

5 形式段落⑤に関わる内容である。選択肢には「所属性、共属性という性格の是非を改めて考える必要がある。」とあるが、本文中にそのような記述はない。

よって、正解は2である。

問題14 国家一般職（2022年度） ··· 本冊P.062

正解：2

出典は、筒井淳也『社会を知るためには』（ちくまプリマー新書）。
まずは、形式段落ごとに筆者のイイタイコトをまとめてみる。

形式段落①

私たちの社会は、**専門知に基づいた無数の仕組み**によって成立している。

形式段落②

社会がやっかいなのは、専門知の組み合わせ方が**かなりの「緩さ」を含んでいる**ことにある。

形式段落③

社会では専門知の組み合わせ方の**観察と検証をすることが容易ではない**。

形式段落④

社会は、知識や専門システムの組み合わせでできている。そして組み合わせ方には緩みが入り込む。

形式段落⑤

学問は、いろんな**専門知の土俵**がいろんなところにあって、これが**学問分野の独自性**となっている。

形式段落⑥

他方で、**対象との距離も学問によって異なっている**。

形式段落⑦

社会学は、経済学に比べれば**専門化の度合いが小さい**ところに特徴の一つがあるのではないかと考えている。

形式段落⑧

社会学は、**土俵を自前で作らないところが強みであるし、またそうであるべきだ**。

選択肢の解説

1 　形式段落②で、「自動車のような精密機械においても多少の緩みが入り込む余地」があるし、だからこそ「故障や事故が稀に起こる」とあるので、選択肢の「隙間のない、精緻な製品が作られる」という内容は**正しくない**。

2 　形式段落⑦⑧の内容と**合致する**。正答が**後半のイイタイコトの端的な説明（主旨）**になっているため、選びやすい問題となっている。

3 　形式段落③に関わる内容であるが、本文では少子化対策がうまく機能しなかったことの対策は**述べられていない**。

4 　形式段落④以降に関わる内容であるが、経済学や心理学は「緩さ」をなくすた

めの学問、社会学は「緩さ」を観察する学問とは**述べられていない**。

5 **形式段落⑤**で「ふつうは、経済学のように現実の対象とかなり距離をとった土俵を持っている」とあり、**形式段落⑦**で「社会学は経済学に比べれば専門化の度合いが小さい」、**形式段落⑧**で「社会学は、心理学や経済学……と比べると、自分の土俵……をはっきりと備えていません」と述べられているため、「社会学は」「現実の現象から距離を置いている」とは**言えない**。「自由度が高い学問」とは**述べられていない**。

よって、正解は**2**である。

問題15 **国家一般職（2022年度）** ··· 本冊P.064

正解：3

出典は、笹原宏之『日本の漢字』（岩波新書）。
まずは、形式段落ごとに筆者のイイタイコトをまとめてみる。

形式段落①
漢字のプリントされたTシャツを着ている外国の人々やローマ字が書かれたTシャツを着る日本人も、互いに読めない文字に不思議さと憧れを感じているわけで、**その内容や機能性よりも雰囲気だけを楽しもうとする意識が透けて見える**。

形式段落②
漢字を文脈から切り離し、一つの「正解」だけを知っているかどうかにとどまっていないだろうか。

形式段落③
先人たちは、世界の文字のいわば鉱脈の中から、**日本語を書くにふさわしい形を彫琢し、意味も日本語に適応するよう調整してきた**。

形式段落④
活字離れや手書きの機会の減少が進む中で、**漢字を遊びだけの対象にすることは、漢字の特質である表意性さえも忘れさせかねない**。

選択肢の解説
1 日本人は「文字の雰囲気を楽しもうとする傾向」が外国人と比較して「強い」という記述は**本文にない**。**形式段落①**で「早くから横文字で看板を書くことを好んでいた」旨の記述はあるが、江戸時代に漢字の表意性が失われつつあったとは**述べられていない**。

2 形式段落②に「その一方で、本を読まなくなり、文字離れが加速している」と述べられており、「丸暗記やパズルの対象とされるようになったこと」が原因で、「活字離れが進んでいった」との因果関係は読み取れない。

3 形式段落③の内容と合致する。本文の主旨ではなく、前提となる経緯の箇所が正答となっているため、やや選びにくい。

4 形式段落③に「その生命力の根源は、ことばを適切に書き表そうとする漢字の持つ意外なほど柔軟な対応性である」と、漢字の柔軟な表現力によって、持ち込まれた文化に対応してきたことが述べられている。「漢字の柔軟な表現力を通じて」「持ち込まれた」のではない。

5 形式段落④に「漢字を丸暗記やパズルなど遊びだけの対象にすることは、漢字の特質である表意性さえも忘れさせかねない」と述べられているが、「漢字を正しく書くことのできない」点については言及されていない。

よって、正解は**3**である。

3 空欄補充

問題1 国家一般職（2013年度） ·· 本冊P.070

正解：1

出典は、大澤真幸『戦後の思想空間』（ちくま新書）。

まず、空欄のある文を見てみると、空欄の直前に「シニシズムというのは、」とあり、直後に「虚偽意識なんです」と続いている。
よって、空欄には、シニシズムの説明の一部が入ることがわかる。
それを念頭に置いて、その後の文を読んでみると、シニシズムの説明として、形式段落②の3行目に「『そんなこと嘘だとわかっているけれども、わざとそうしているんだよ』という態度をとる」や7行目に「嘘だとわかっているけれども、そうしているのです。」と説明がある。
「嘘だとわかっている≒虚偽性を自覚」であるため、選択肢1の「自己自身の虚偽性を自覚した」が妥当である。なお、選択肢2・3・4・5は、本文で説明しているシニシズムの内容とは異なる。
よって、選択肢**1**が妥当である。

CHAPTER

1

現代文

> イデオロギー…政治や宗教などに対する、歴史的、社会的立場に制約された考え方。政治・社会思想
> シニシズム…社会の道徳や規範などを冷笑したり無視したりする見方、態度
> メタ…高次的な
> スローターダイク…ドイツの哲学者。著書に『シニカル理性批判』などがある
> 啓蒙…人々に正しい知識を与えて、合理的な考えに導くこと
> 排他的…他を退ける傾向があること

問題2 国家一般職（2020年度） ·· 本冊P.071

正解：1

　出典は、國分功一郎『中動態の世界　意志と責任の考古学（シリーズ　ケアをひらく）』（医学書院）。

　まず、　A　から見てみよう。　A　を含む文は、「意志は『自由な原因』ではない。それは『強制された原因』である」を言い換えた「**私が何ごとかをなすのは、何ごとからも自由な自発的意志によってではない**」の説明に当たる。「強制された原因≒何ごとかを志向するよう強制する原因」より、選択肢**1**と**2**に絞ることができる。
　次に　B　を見てみよう。その後の文に「こうしてスピノザは簡潔かつ説得的に、『**行為は意志を原因とする**』という考えを斥けた。」との表現がある。このことから、　B　には「**行為へと決定する原因**」が該当する。なお、本文において「結果」については言及していない。
　よって、選択肢**1**が妥当である。

> スピノザ…17世紀のオランダの哲学者。神は自然と同一であるとする汎神論（はんしんろん）を主張した

問題3 裁判所職員（2020年度） ·· 本冊P.072

正解：1

　出典は、茂木健一郎『思考の補助線』（ちくま新書）。

　まず、[　A　] から見てみよう。[　A　] の直前に「思考の曖昧さは自明のことではなく、むしろ一つの」とあり、[　A　] は「**自明**」の対義に当たる「**驚異**」が該当する。なお、「脅威」には「何かをおびやかす」というマイナスの意味を含むが、その後の説明に「思考の曖昧さ」についての否定的な内容は述べられていない。

　次に、[　B　]を見てみよう。直前の「この世界にある精緻さ」との関係を考える。候補は「顕れ」と「起源」であるが、「私たちの思考もまた、この世界にある精緻さの顕れ」の場合、「この世界にある精緻さ（原因）→私たちの思考（結果）」となる。一方、「私たちの思考もまた、この世界にある精緻さの起源」の場合、「この世界にある精緻さ（結果）←私たちの思考（原因）」となる。該当段落冒頭の「世界を因果的に見れば、そこには曖昧なものは一つもない。その曖昧さのない自然」より、「世界≒曖昧さのない自然」となるため、「世界（≒曖昧さのない自然）のプロセスを通して生み出された私たちの思考」となり、「世界（原因）→私たちの思考（結果）」となる。よって、[　B　]には「顕れ」が該当する。

　次に、[　C　]を見てみよう。[　A　]と[　B　]から、選択肢は1と5に絞られる。どちらも[　C　]は同様に「厳密な」である。念のため確認してみると、「自然言語が、[　C　]因果的進行が支配する世界の中に「曖昧な」要素を持ち込むということを可能にしているのだとすれば、それ自体が一つの奇跡だというしかない」となっているため、「曖昧な」の対極的な意味となる「厳密な」因果的進行が適切だとわかる。

　最後に、[　D　]を見てみよう。その直前に「物質である脳にいかに私たちの心が宿るかという」とあることから、「心脳」が入ると判断できる。なお、「存在論的」を入れた場合、「脳に心はあるか」という議論になるが、本文の話題と異なるため不適切である。

　よって、選択肢1が妥当である。

精緻…きわめて詳しく細かいこと。とても綿密なこと
豊饒（ほうじょう）…穀物が実り豊かなこと

問題4　東京都Ⅰ類（2012年度）‥‥‥‥‥‥‥‥‥‥‥‥‥‥‥‥‥‥‥ 本冊P.073

正解：3

　出典は、外山滋比古『古典論』（みすず書房）。

　まず、[　A　]から見てみよう。[　A　]の選択肢の候補を見ると、「共感≒肯定的」と「批評≒否定的」と対義的な語が並んでいる。一つ前の文に「テクストはかならず解釈を受けて新しいヴァージョン、新しいテクストを生み出す。それが異本」とある。もし肯定的に「共感」してしまったら新しいヴァージョン、新しいテクスト（異本）は生まれない。否定的に「批評」し解釈することで異本が生まれるのである。よって、[　A　]には「批評」が該当する。

　次に、[　B　]を見てみよう。[　B　]の選択肢の候補を見ると、「錯誤（⊖の意味）」「成果（⊕の意味）」と⊕⊖が逆の語が並んでいる。該当段落第2文の「テクストがそのままでいつまでも生きのびていくわけではない（⊖）」より、[　B　]を含

む「原稿のみが作品の唯一の正しいテクストであるとする歴史主義的文献学の思想は」の帰結は⊖となる。よって、 B には「錯誤」が該当する。

　次に、 C を見てみよう。 C の前に注目すると、「異本はただ原テクストをそのまま保持あるいは復元しようとするものではない。たんなる復元では異本である資格を欠く」とある。よって、「再現（≒復元）」は該当しない。「異本はつねに解釈された、したがって、 C されたテクスト」となるので、「加工（≒解釈）」が当てはまる。

　次に、 D を見てみよう。 D の選択肢の候補を見ると、「自立」と「依存」と対義語が並んでいる。 D の直後の文に、「新しい異本は先行する古い異本を否定して、これをできればなきものにして自己を主張（≒自立）する」とある。したがって、 D には、「自立」が該当する。

　最後に、 E を見てみよう。 E の前に注目すると、該当段落の冒頭に「異本らしい異本は、先行するものすべてを否定し、」とあり、次の文には「対象が、もとの原稿、あるいはそれに近いテクストにさえ及ぶことを辞さない（≒現テキスト不詳）」とある。したがって、 E には「不詳」が該当する。

　よって、選択肢**3**が妥当である。

問題5　特別区Ⅰ類（2011年度）……………………………………………… 本冊P.074

正解：3

出典は、外山滋比古『アイディアのレッスン』（ちくま文庫）。

　まず、 A のある文を見てみよう。 A は「忘却」の説明であるが、本文中に直接「忘却」について詳しく述べられた箇所はない。唯一直前に「忘却はその弛緩のあいだにおこって、」とあるため、「忘却」は「弛緩のあいだにおこること」であるとわかる。そこで「弛緩」について述べられた箇所を見ると、「弛緩。そこで運がよければ思いもかけない考えが浮かび上がってくることがある」「弛緩の時間を持つのは、……、創造がおとずれるのである」とある。よって、 A には、「思いもかけない考えが浮かび上がってくる」「創造がおとずれる」と同義である選択肢**3**の「はなはだ創造性に富んでいる」が該当する。本問のように、特別区では本文の主旨を正答とする出題がとても多い。

　なお、選択肢**1**は「必要なものを抽出」ではなく「思いもかけない考えが浮かぶ」点、**2**は「弛緩」と逆の状態である点、**4**は「関係する」だけでは「アイディアがどうなるのか」が不明のため最も妥当ではない。同じく**5**も「はやる心をおさえてくれる」は、確かに本文中に「はやる心をおさえて、待つ心を持ってこそ初めて、創造がおとずれる」との記述があるが、「はやる心をおさえる」のは「創造」への過程であり、本文の主旨ではないため最も妥当ではない。

　よって、選択肢**3**が妥当である。

問題6 特別区Ⅰ類（2012年度） ························· 本冊P.075

正解：5

出典は、養老孟司『バカの壁』（新潮新書）。

　まず、 ア のある文を見てみよう。前段落までの主題が「情報」であるが ア 以降の箇所に「情報」のワードが全く出てこない点で、「 ア は『情報』ではないか」と目星を付けることができると良い。すべての ア は**共通して「自分自身が」「己を」に続く箇所**である。「自分自身が、『真理』」「己を『真理』だと規定」とすると、自分自身を「絶対的な理」、つまり神や絶対者であるという意味となるが、本文にはそのような内容は書かれていない。また、「自分自身が、『個性』」「己を『個性』だと規定」とすると、「個性」は「（他者と比較した）個人の特別な性質」の意味であるから、「（他者と比較した）個人の特別な性質」が話題となるはずだが、本文の ア の前後は他者との比較にはなっていないため、不適である。よって、 ア には、「**情報**」が該当する。

　次に イ のある文を見てみよう。「『私は私』と イ を主張」とあり、前段落を見ると「意識は自己同一性を追求するから『昨日の私と今日の私は同じ』『私は私』と言い続けます」とある。よって、 イ には、**同一性**が該当する。なお、直前の「本当は常に変化＝流転していて生老病死を抱えているのに、」に注目し、**自身の変化**のことを言っているため、「（他者と比較した）個人の特別な性質」である「個性」は不適とし、「不変性」「同一性」の選択肢に絞り、他の箇所で正答を決定するアプローチも有効である。

　最後に ウ のある文を見てみよう。 ウ の後の文に、「**変わらない特性**」とある。「特性」とは「**特別な性質**」のことである。よって、 ウ には「**個性**」が該当する。尚、「不変性」「真理」「社会性」はいずれも「特別な性質」と**相反**する意味であるため適当でない。

　本問は、主題に気付けば ア も容易に特定できるが、前後の文だけで特定できる イ 、 ウ から先に選択肢を絞っても良い。

　よって、選択肢**5**が妥当である。

問題7 特別区Ⅰ類（2014年度） ························· 本冊P.076

正解：4

出典は、藤原正彦『国家の品格』（新潮新書）。

　まず、 A のある文を見てみよう。次の文に「世界の各民族、各地方、各国家に生まれた伝統、文化、文学、情緒、形などを」「尊重しあい、それを育てていく」とある。よって、地球すべてを一体と考える「グローバリズム」は適当ではない。

また、「ナショナリズム」が国家や民族などを軸にしたものであるのに対し、「ローカリズム」は地域・地方の場所を軸としたものである。前の段落で各地方に咲く「花」を例に挙げているため、　A　は「ローカリズム」が妥当である。

次に、　B　は、選択肢の「普遍的価値」と「一般的価値」に注目する。「普遍的」と「一般的」の違いに注目すると、「普遍的」は「すべてに共通する」、「一般的」は「ありふれた、よくある」という意味を持つ。　B　に「一般的価値」を入れた場合、「ありふれた、よくある」ものが想定されるが、直後の「美しい」「誇るべき」という賛美と結びつきにくい。一方で、「普遍的価値」には歴史や伝統を含む「すべてに共通する」ものが想定されるため、「美しい」「誇るべき」という賛美とも結びつきやすい。そのことから、　B　には、「普遍的価値」があてはまる。

よって、選択肢4が妥当である。

> グローバリズム…国境を越えて世界を一つの共同体とみなし、その一体化を進める考え方
> ナショナリズム…国民や民族などが対内的にはその統一性を、対外的にはその独立性を維持・強化することをめざす考え方
> ローカリズム…地方主義、地方愛着

問題8 特別区Ⅰ類（2015年度）…………………………………………………… 本冊P.077

正解：4

出典は、小林秀雄『モオツァルト・無常という事』（新潮文庫）。

まず、　A　のある文を見てみよう。　A　の前後を見てみると、同じ形式段落①の冒頭の内容から兼好法師の文体を表現しているとわかる。直前の文の「モンテエニュより遥かに鋭敏に」と直後の文の「彼は利き過ぎる腕と鈍い刀の必要とを痛感している自分の事を言っているのである」から、　A　は「鋭利」があてはまる。そして、ここで選択肢は4または5に絞られる。

次に、　B　のある文を見てみよう。前後の文章から、　B　には『徒然草』の短文の特長を表す単語が入るとわかる。該当段落1行目に「彼には常に物が見えている、人間が見えている、見え過ぎている」、3行目に「古い美しい形をしっかり見て、それを書いただけだ」、そして4行目「無下に卑しくなる時勢とともに現れる様々な人間の興味ある真実の形を一つも見逃していやしない。そういうものも、しっかり見てはっきり書いている」があることから、　B　には「観察」が該当する。

よって、選択肢4が妥当である。

尚古趣味…昔の書物や制度などを尊び、それを模範とする考え方
厭世観…人生は生きるに値しないものだとした、絶望的な考えや哲学的な立場
矛盾撞着…物事のつじつまが合わないこと

問題9 特別区Ⅰ類（2020年度） ……………………………… 本冊P.078

正解：1

出典は、梶谷真司『考えるとはどういうことか』（幻冬舎）。

　　A　と　B　は連動しているためセットで考えよう。まず　A　のある段落までは「**同類の人たちで行う対話**」についての説明であり、「　A　なことは問われない」と述べている。次の段落では「**他方、いろんな立場の人たちが集まっていっしょに考えると、**」とあり、「当たり前のように思っていたことをおのずと問い、考える」「前提を問う、　B　なことをあらためて考える」と述べている。「同類の人たちで」「　A　なことは問われない」「他方、いろんな立場の人たちが集まっていっしょに考えると、」「当たり前のように思っていたことをおのずと問い」「前提を問う、　B　なことをあらためて考える」より、「　A　≒当たり前≒前提≒　B　」が成立する。選択肢と照合すると、「**根本≒前提**」、「**当たり前≒自明**」であるため、選択肢は**1**に絞られる。

　念のために　C　についても見てみよう。　C　の前後を見てみると、「興味深いものになっている（⊕）かもしれないが、初歩的なところにとどまっていたり（⊖）、粗雑な議論になっていたりする（⊖）のかもしれない。哲学の専門家や哲学好きな人は、話のレベルの高さ（⊕）や低さ（⊖）に　C　するかもしれない」となっている。このことから、　C　には⊕と⊖が混在する「**一喜（⊕）**」「**一憂（⊖）**」が適切である。

　よって、選択肢**1**が妥当である。

問題10 国家一般職（2022年度） ……………………………… 本冊P.079

正解：5

出典は、井筒俊彦『意味の深みへ：東洋哲学の水位』（岩波文庫）。

　空欄は、直前に「**つまり**」とあり、その前の内容「それらの思想文化の遺産を、己れの真に創作的な思惟の原点として、現代という時代の知的要請に応じつつ、生きた形で展開している」をまとめている。この中で「**それら（東洋思想、東洋哲学）の思想文化の遺産を**」「**己れの真に創作的な思惟**」に注目すると、選択肢5「東洋哲学の古典を創造的に『誤読』して、そこに己れの思想を打ち建てつつあるような、

独創的な思想家」のみが当てはまる。

　選択肢1は「それらの真の解釈」が誤り。古典の解釈ではなく「己れの思惟」である。選択肢2は「再構築」が誤り。再構築ではなく「創作」である。選択肢3・4は西洋の思想について書かれているが、本文の該当箇所は**東洋思想、東洋哲学**について述べている。

　よって、選択肢5が妥当である。

思惟…考えること、思うこと
孜々…学問や仕事などに熱心に努めること

問題 11　裁判所職員（2021年度）……………………………………………… 本冊P.081

　正解：4

　出典は、沖大幹『水の未来 ── グローバルリスクと日本』（岩波新書）。

　空欄は**形式段落③の帰結的箇所**に当たる。また、**形式段落③**は**形式段落②の具体的説明**に当たるため、帰結部分である空欄箇所は**形式段落②の内容の繰り返し**になると推測できる。そこで**形式段落②**「もはや予防的に気候変動対策を行うのではなく、……、リスクを的確に管理するように緩和策と適応策を推進する時代なのである」に注目すると、選択肢4「『適応および緩和の双方に注目する必要』がある」が該当する。

　選択肢1、2、5は「緩和策と適応策」の両方に言及していない点で誤り。選択肢3は「『予防的な対策』をせねばならない」が誤り。形式段落②の冒頭に「**もはや予防的に気候変動対策を行うのではなく**」とある。

　よって、選択肢4が妥当である。本問は、**根拠となる箇所が空欄と離れており、難度の高い出題**である。

---

1 4 文章整序

問題 1　国家一般職（2014年度）……………………………………………… 本冊P.086

　正解：4

　出典は、平野啓一郎『私とは何か　「個人」から「分人」へ』（講談社現代新書）。

　全体は「個人」「個体」の話題であるが、**AとCのみ「椅子」「机」の話題**になっていることから、**AとCは連続する**と判断できる。順序を考えてみると、Cの「椅子

と机があるのを思い浮かべてもらいたい」で「椅子」と「机」が出現し（新情報）、Aの冒頭でそれが「机は机で、……、椅子は椅子で……」と旧情報として提示されているため、C–Aの順に決まる。

　次に、囲み内の文章「国家があり、都市があり、何丁目何番地の家族があり、親があり、子があり、もうそれ以上細かくは分けようがないのが、あなたという『個人』である」に注目すると、Dの後半情報「もうこれ以上は分けようがない、一個の肉体を備えた存在が、『個体』としての人間、つまりは『個人』だ」と重複類似した内容となっているため、最後はDと判断できる。

　C–Aの順、最後がDをともに満たす選択肢は4のE–B–C–A–Dのみである。

問題2 東京都 I 類（2017年度） ······················· 本冊P.087

　正解：4

　出典は、辻邦生『情緒論の試み』（岩波書店）。

　本問は、確実につながる箇所が少なく、難度の高い出題である。

　Dで新情報として提示されている「情緒が身体的〈事実〉であるとするならば、情緒を味わっている人物は、全身的にその情緒に支配されているのでなければならない」と、Eの「激情に動かされている人物は、冷静な反省者を自分のなかに許容できないゆえに、激情に動かされている」に注目する。D「情緒を味わっている」の言い換えとしてE「激情」、D「全身的にその情緒に支配されている」の言い換えとしてE「冷静な反省者を自分のなかに許容できない」となっている。Eの冒頭部「ということは」も考慮に入れると、D–Eの順に決まる。

　D–Eの順を満たす選択肢は4のF–C–B–D–E–Aのみである。

　よって、選択肢4が妥当となる。

問題3 特別区 I 類（2010年度） ······················· 本冊P.088

　正解：5

　出典は、金田一春彦『ホンモノの日本語を話していますか？』（KADOKAWA）。

　A～Fの文の中からつながりそうな部分を探してみる。

　まずCの後半に「『雁もどき』がある」と、「雁もどき」が新情報として提示されている。それを冒頭で旧情報として出しているF「さてこの『雁もどき』の語源は」が続くと判断されるため、C–Fの順に決まる。

　この時点で、C–Fの順になっている選択肢は5のC–F–B–D–A–Eのみであるが、補足として他に根拠となる部分も解説する。

　Aの後半に「おいしいという評判だ」と、「おいしい」が新情報として提示されて

いる。他に「おいしい」が出ているのはE「この大豆食品は、それに負けないくらいおいしいぞ」のみであるため、A-Eの順に決まる。

A-Eの順になっている選択肢も5のC-F-B-D-A-Eのみであるので、こちらで特定することもできる。

よって、選択肢5が妥当となる。

※解説では正答を選ぶポイントを2つ紹介したが、試験本番では素早く正答を選ぶことが重要であるため、どちらか一方のみで正答を選ぶのが望ましい。

問題4 特別区Ⅰ類（2013年度） ·· 本冊P.089

正解：4

出典は、池上嘉彦『記号論への招待』（岩波新書）。

本問は、確実につながる箇所が少なく、難度の高い出題である。

まずEで出現する**新情報**「**カーニバル**」に注目する。次に、Bを見ると「そこではしばしば人びとが仮面をかぶって」とある。カーニバルが**仮面をかぶる行事**であることを知っていれば、「そこ(=カーニバル)ではしばしば人びとが仮面をかぶって」とつなげることができ、**E-B**の順に決まる。

E-Bの順になっている選択肢は、**4のD-A-C-E-Bと5のD-C-E-B-A**である。この2つを比べると、違いはAの位置である。

まず、**5のB-A**と仮定すると、Bの新情報「自らのアイデンティティを隠すのも象徴的」と、Aの「つまり、一定の空間と時間の枠を設けておいて、その枠内で無秩序の導入を許容する」がつながらない（**B**は内容面の話で、**A**は形式面の話になっている）。

次に、**4のD-A-C**を吟味する。D「無秩序、あるいは新しい秩序への志向性によって特徴づけられる〈周縁〉」より「**無秩序≒〈周縁〉**」と読解できる。そしてDの新情報「『祭り』という仕組みが利用される」の、**形式面の説明**として、A「つまり、一定の空間と時間の枠を設けておいて、その枠内で無秩序の導入を許容する」がつながる。Aの新情報「その枠内で無秩序の導入を許容」が、Cの冒頭に旧情報として「〈中心〉(≒その枠内)の中に仮りに導入された〈周縁〉(≒無秩序)」と受け継がれている。

よって、選択肢4のD-A-C-E-Bが妥当となる。

問題5 特別区Ⅰ類（2014年度） ·· 本冊P.090

正解：1

出典は、鈴木孝夫『ことばと文化』（岩波新書）。

A〜Gでつながるところを探してみる。

Dの後半に現れている新情報「この一人称代名詞の働きとは、簡単に言えば自分が話し手であることを、ことばで明示する機能」に注目する。これがFの冒頭に旧情報として「今喋っているのは、他でもないこの俺だということをことばで示す」と受け継がれているため、D–Fの順に決まる。

次に、Bの後半の新情報「相手及び周囲の情況とは無関係に、自発的独立的になされる」に注目すると、Gの「つまり相手が存在しなくてもかまわない」がその言い換えになっているため、B–Gの順に決まる。

D–Fの順、B–Gの順をともに満たす選択肢は1のA–C–D–F–B–G–Eのみである。よって、選択肢1が妥当となる。

問題6 特別区Ⅰ類（2019年度） ·· 本冊P.091

正解：1

出典は、齋藤孝『教育力』（岩波新書）。

まずAの後半の新情報「学校の教師に限らない」に注目する。Cの冒頭「会社員の中にも」の「会社員」は「学校の教師に限らない」職業の例であり、Aの新情報を旧情報として受けたものであるため、A–Cの順に決まる。

次に、「子どもたち」の話題がDとFのみに出現しているので、ここに注目する。Dで「街で子どもたちを集めてサッカースクールをやったり、剣道の教室をやったり、ピアノを教えたりという人は、たくさんいる」と新情報として提示した内容を受けて、Fの冒頭の旧情報「その中には……、多くの人は」とつながり、後段の新情報として「子どもたちに何か大切なことを伝えたい、という思いをもってやっている」との説明へとつながるため、D–Fの順に決まる。

A–Cの順、D–Fの順をともに満たす選択肢は1のA–C–D–F–B–G–Eのみである。よって、選択肢1が妥当となる。

問題7 国家一般職（2022年度） ·· 本冊P.092

正解：1

出典は、吹浦忠正『国旗で読む世界地図』（光文社新書）。

まずCに注目すると、第2文の後半に新情報として「物の色が光源で違って見える」が提示され、第3文では、その例が述べられている。次に、Aを見ると、「布地や染め方でも違えば天候でも違うし、時間が経つと色が変化する」と追加で説明されている。つまり、「色は状況によって変わる」の説明としてCでは「光源」、Aでは追加で「布地、染め方、天候、時間経過」を挙げている。したがって、C–Aの順

に決まる。

次に、**E**の前段「だから、数値さえ決めればよいというわけではない」に注目する。**C**の第2文に「たとえ色を数値で表示し、それに従って国旗を製作したとしても、物の色が光源で違って見えるのはもちろん」とあり、**数値だけでは不十分**である点が述べられ、前述した「**色は状況によって変わる**」との補強説明が展開される。それを受けて、**E**の「だから、数値さえ決めればよいというわけではない」とのまとめにつながるため、**C-A-E**の順が決まる。

C-A-Eの順を満たす選択肢は**1**の**B-C-A-E-D**のみである。

よって、選択肢**1**が妥当となる。

問題8 国家一般職（2019年度） ·· 本冊P.093

正解：3

出典は、鷲田清一『哲学の使い方』（岩波新書）。

A〜Dでつながりそうなところを探してみる。

Aの冒頭に「理論と実践、この二分法に」と述べられている。この「**理論と実践**」について書かれているのは**A**と**D**のみであるため、**この2つは連続する**と判断できる（A-Dの順かD-Aの順かは、ここだけでは確定できない）。

次に、**B**の後半の新情報「（哲学の）ややねじれた**背景**」に注目する。その「**背景**」の説明は**D**「理論のなかの理論、つまりテオーリア（観想）といういとなみであって、なにか具体的な目的の実現や効用をめざすプラークシス（実践）からはもっとも遠いものであるという了解が、これまで哲学を志向する者たちのあいだで共有されてきた」のみが該当するため、**B-D**の順が決まる。

A-Dもしくは**D-A**の順、**B-D**の順をともに満たす選択肢は**3**の**C-B-D-A**のみである。

よって、選択肢**3**が妥当となる。

問題9 特別区Ⅰ類（2017年度） ·· 本冊P.094

正解：5

出典は、今井むつみ『学びとは何か』（岩波新書）。

まず**E**の冒頭に旧情報として提示されている「**これらの問題**」に注目する。この直前には「これらの問題」が新情報として出現しているはずである。**C**の後半のみが「この二つはどう違うのか」との問題提起となっているため、**C-E**の順が決まる。

次に、残りのうち、各話題に注目すると、**A**「覚える」、**B**「知識」、**D**「記憶（≒覚えること）」、**F**「知識」となっている。

選択肢を見ると、最初の文がすべて**A**となっているため、**A–D**の順が決まる。続いて**B**と**F**の「知識」の話題が提示され、最後に**C**「記憶とは何か、知識とは何か」の「記憶」「知識」の両方の話題から、前述の**C–E**が来ると判断できる。

A–D–B–Fもしくは**F–B–C–E**を満たす選択肢は**5**の**A–D–F–B–C–E**のみである。

よって、選択肢**5**が妥当となる。

問題 10 特別区Ⅰ類（2016年度）‥‥‥‥‥‥‥‥‥‥‥‥‥‥‥‥‥‥ 本冊P.095

正解：4

出典は、養老孟司『いちばん大事なこと ── 養老教授の環境論』（集英社新書）。

A～Fでつながりそうなところを探してみる。

まず、**D**の後半の新情報「まったく別なところからとってくるしかない」に注目する。**A**の冒頭に旧情報として「その『別なところ』が」と受け継がれているため、**D–A**の順が決まる。

次に、**F**の後半の新情報「本来は自然とは関係がない」に注目する。**B**に「ところが……は、自然に直接の関わりがある」と対応しているため、**F–B**の順が決まる。

D–Aの順、**F–B**の順をともに満たす選択肢は**4**の**E–C–F–B–D–A**のみである。

よって、選択肢**4**が妥当となる。

問題 11 東京都Ⅰ類（2016年度）‥‥‥‥‥‥‥‥‥‥‥‥‥‥‥‥‥‥ 本冊P.096

正解：3

出典は、野家啓一『科学哲学への招待』（ちくま学芸文庫）。

A～Fのつながる部分を探してみる。

まず**A**の後半で新情報として提示されている「新聞やテレビで『科学』や『科学技術』といった言葉を目にしたり耳にしたりしない日は一日たりともない」に注目する。それが、**F**の冒頭で旧情報として「その『科学』という言葉だが」と受け継がれているため、**A–F**の順が決まる。

A–Fの順を満たす選択肢は**3**の**D–E–B–A–F–C**のみである。

よって、選択肢**3**が妥当となる。

問題 12 特別区Ⅰ類（2015年度）‥‥‥‥‥‥‥‥‥‥‥‥‥‥‥‥‥‥ 本冊P.097

正解：3

出典は、中村桂子『科学者が人間であること』（岩波新書）。

本問は、確実につながる箇所が少なく、難度の高い出題である。A〜Fのつながる部分を探してみる。

まずCが旧情報として受けている「上手に使っていないと鈍くなるので、感度を保つためにも日常その力を生かすことは」に注目すると、この前に「(感度に関わる)その力」が提示されているはずである。すると、Dの後半の新情報「私たちの五感はよいセンサー」が該当するため、D−Cの順が決まる。

次に、Bの後半「これは『自律的な生き方』をしようという提案でもあります」に注目する。「でもあります」という表現から、前に新情報として類似内容が提示されているはずである。Fの後半の新情報に「……を基本に置く生き方」が出現しているため、F−Bの順が決まる。

D−Cの順、F−Bの順をともに満たす選択肢は3のD−C−F−B−A−Eのみである。

よって、選択肢3が妥当となる。

問題 13 東京都Ⅰ類（2015年度） ·· **本冊P.098**

正解：2

出典は、門脇厚司『社会力を育てる──新しい「学び」の構想』（岩波新書）。

本問は、確実につながる箇所が少なく、難度の高い出題である。A〜Fでつながりそうなところを探してみる。

まずDの冒頭に旧情報として提示されている「そうした能力」に注目する。該当能力が前に新情報として提示されているはずである。Bの後半の新情報「コミュニケーション能力」が該当するため、B−Dの順が決まる。

さらにDの後半に出現する新情報「社会的知性とも言える社会性であり、社会力」に注目する。Eに「コミュニケーション能力を含めた社会的知性とも言える社会力のレベルが」と旧情報として受け継がれているため、D−Eの順が決まる。

B−D−Eの順を満たす選択肢は2のC−A−F−B−D−Eのみである。

よって、選択肢2が妥当となる。

2 1 内容把握

問題1 東京都Ⅰ類（2022年度）···································· 本冊P.108

正解：4

出典：From Sapiens by Yuval Noah Harari published by Vintage. Copyright © Yuval Noah Harari, 2014. Reprinted by permission of Penguin Books Limited.

選択肢から、テーマは「科学的な偉業」と「資金援助が与えた影響」だと考えられる。

1 × 選択肢前半は、本文第1段落1文目「We are living in a technical age.（我々は技術の時代を生きている）」に一致するが、第1段落3文目に「We should just let the scientists and technicians go on with their work, and they will create heaven here on earth.（科学者や技術者には仕事を続けてもらうべきであり、そうすれば地上の楽園を実現できるだろう）」とあるので、選択肢後半の「今日では」「考えに対し懐疑的な人々が多くなってきた」は誤りである。

2 × 本文第2段落2文目に「A biologist seeking to understand the human immune system requires laboratories, test tubes, chemicals and electron microscopes, not to mention lab assistants, electricians, plumbers and cleaners.（生物学者が人間の免疫システムを理解しようとすれば、実験室、試験管、化学薬品、電子顕微鏡が必要となる。実験助手、電気技師、配管工、清掃員は言うまでもない）」とあるが、選択肢後半の「研究機材に多額なコストがかかるため、人件費を圧縮しなければならなくなっている」という記述はない。

3 × 選択肢前半は、本文第3段落1文目「During the past 500 years modern science has achieved wonders thanks largely to the willingness of governments, businesses,foundations and private donors to channel billions of dollars into scientific research.（過去500年間、近代科学が驚異的な成果を上げられたのは、主に政府、企業、財団、個人寄贈者が、何十億ドルもの資金を進んで科学研究に注ぎ込んでくれたおかげである）」と一致するが、第3段落2文目で「These billions（これらの何十億ドルもの資金）」が「than did Galileo Galilei, Christopher Columbus and Charles Darwin（ガリレオ・ガリレイ、クリストファー・コロンブス、チャールズ・ダーウィンよりもはるかに（貢献してきた））」と述べられているので、選択肢後半の「匹敵する成果を挙げた」は誤り。

4○ 本文第3段落3文目に「If these particular geniuses had never been born, their insights would probably have occurred to others.（もし彼らのような天才が生まれていなかったとしても、きっと誰か別の人が同じ洞察をしていただろう）」、第3段落5文目に「If Darwin had never been born, for example, we'd today attribute the theory of evolution to Alfred Russel Wallace（例えば、ダーウィンが生まれていなかったとしたら、我々は今日、アルフレッド・ラッセル・ウォーレスによる進化論だと考えているだろう）」と書かれた内容に一致する。

5× 本文第3段落6文目に「if the European powers had not financed geographical, zoological and botanical research around the world, neither Darwin nor Wallace would have had the necessary empirical data to develop the theory of evolution.（もし西欧列強が世界中の地理学的、動物学的、植物学的研究に資金を提供していなかったら、ダーウィンもウォーレスも進化論を発展させるのに必要な経験上のデータを得ることはできなかっただろう）」とあり、選択肢前半の「西欧列強がその影響力を世界に拡大していかなければ」という条件とは異なる。

〈全訳〉

　我々は技術の時代を生きている。科学技術によってすべての問題が解決されると確信する者が多い。科学者や技術者には仕事を続けてもらうべきであり、そうすれば地上の楽園を実現できるだろうと。しかし科学は、人間のその他の活動よりも、道徳的、精神的に優れた次元で行われているわけではない。他の文化と同様に、経済的、政治的、宗教的なものによって成り立っている。

　科学は非常に金のかかる活動である。生物学者が人間の免疫システムを理解しようとすれば、実験室、試験管、化学薬品、電子顕微鏡が必要となる。実験助手、電気技師、配管工、清掃員は言うまでもない。経済学者が信用取引市場をモデル化すれば、コンピュータを購入し、巨大なデータバンクを設置し、複雑なデータ処理プログラムを開発する必要がある。考古学者が古代の狩猟採集民の行動を理解しようとすれば、遠く離れた土地を訪れ、古代の遺跡を発掘し、化石化した骨や人工遺物の年代を特定しなければならない。これらはすべて非常に金がかかる。

　過去500年間、近代科学が驚異的な成果を上げられたのは、主に政府、企業、財団、個人寄贈者が、何十億ドルもの資金を進んで科学研究に注ぎ込んでくれたおかげである。これらの何十億ドルもの資金によって、宇宙図の作成、地球の地図化、動物の分類化がなされ、ガリレオ・ガリレイ、クリストファー・コロンブス、チャールズ・ダーウィンよりもはるかに貢献してきた。もし彼らのような天才が生まれていなかったとしても、きっと誰か別の人が同じ洞察をしていただろう。しかし、適切な資金が利用できないのなら、どんな知的才能によっても補われてはいないだろう。例えば、ダーウィンが生まれていなかったとしたら、我々は今日、アルフレッド・ラッセル・ウォーレスによる進化論だと考えているだろう。彼はダーウィンと

は無関係に、わずか数年後に自然淘汰による進化のアイデアを思いついている。しかし、もし西欧列強が世界中の地理学的、動物学的、植物学的研究に資金を提供していなかったら、ダーウィンもウォーレスも進化論を発展させるのに必要な経験上のデータを得ることはできなかっただろう。おそらく、彼らは試みようともしなかっただろう。

---

convinced（形）…確信している
not to mention ～＝without mentioning ～…～は言うまでもなく
channel（動）…注ぐ、投資する
attribute（動）…結果を原因に帰する、それによるものだと考える
finance（動）…資金を提供する

問題2 東京都Ⅰ類（2023年度）……………………………………… 本冊P.109

正解：3

出 典：From Who Moved My Cheese by Dr Spencer Johnson published by Vermilion. Copyright © Spencer Johnson, 1999. Reprinted by permission of The Random House Group Limited.

選択肢から、テーマは「**ホーが新しいチーズにたどり着いたときの状況や心情**」だと考えられる。

1× 本文第10段落に「As Haw enjoyed the New Cheese, he reflected on what he had learned.（ホーは新しいチーズを味わいながら、これまで学んだことを思い返した）」、その内容は第11段落の「He realized that when he had been afraid to change he had been holding on to the illusion of Old Cheese that was no longer there.（変わることを恐れていたとき、彼はもうそこにはない古いチーズの幻想に取りつかれていたのだ）」とあるが、第1段落に「Haw had let go of the past and was adapting to the present.（**ホーは過去を手放し、いまを生きていた**）」とあるので、選択肢の後半の「ようやく過去を払拭できたように見えたが、実際は相変わらず古いチーズの幻想に取りつかれていた」は**誤り**である。

2× **本文第5段落3文目**に「He didn't recognize all that he saw, as some kinds of Cheese were new to him.（**初めて見るチーズもあったため、全てをチーズと分かったわけではなかったが**）」とあるので、選択肢半ばの「チーズは全て、ホーが食べたことがあるもので」という記述は**誤り**である。

3○ 本文第7段落2文目に「Their fat little bellies showed that they had been here for some time.（そのでっぷりとした小さなおなかを見るに、彼らはしばらく前からここにいたのだ）」とあるため、選択肢の内容と**一致する**。

4× 本文第8段落2文目に、「He pulled off his shoes, tied the laces together, and hung them around his neck in case he needed them again.（彼は靴を脱いで両方のひもを結び、また必要になったときのために**首にかけた**）」、第9段落1文目と2文目に「Sniff and Scurry laughed. They nodded their heads in admiration.（スニッフとスカリーは笑い、感心してうなずいた）」とあるので、選択肢後半「なんてみすぼらしい奴だと大笑いした」わけではない。また、「ホーは腹立たしく思った」という**記述もない**。

5× 本文第10段落で「As Haw enjoyed the New Cheese, he reflected on what he had learned（ホーは新しいチーズを味わいながら、これまで学んだことを思い返した）」、本文最終段落で「So what was it that made him change? Was it the fear of starving to death? Haw smiled as he thought it certainly helped.（では何が彼を変えたのか？　餓死することへの恐怖か？　そうかもしれないな、とホーは微笑んだ）」と振り返っている。よって、選択肢の「空腹によるチーズへの渇望」が「より強く、速いスピードで迷路を進むことができた」「唯一の要因」だった、とは**言えない**。

〈全訳〉
　ホーは既に過去を手放し、いまを生きていた。
　そして迷路を進み続けた。より強く、速いスピードで。まもなく、こんなことが起こった。
　永遠に迷路を走り回らなければならないのかと思いかけたとき、彼の旅、いや、少なくとも旅のこの時点において、ふいに幸せな結末を迎えた。
　ホーはこれまで通ったことのない通路を進んで行き、角を曲がったところで、チーズ・ステーションNに新しいチーズを見つけたのだ。
　中に入った時、彼はそこにあったものに驚いた。あたり一面に、今まで見たこともないほど大量のチーズが山のように積まれていたのだ。初めて見るチーズもあったため、すべてをチーズと分かったわけではなかったが。
　しばらくは現実なのか幻想なのか分からなかった。旧友のスニッフとスカリーの姿を見るまでは。
　スニッフはホーを歓迎してうなずき、スカリーは手を振った。そのでっぷりとした小さなおなかを見るに、彼らはしばらく前からここにいたのだ。
　ホーは手短に挨拶すると、すぐにお気に入りのチーズを一口ずつ食べはじめた。彼は靴を脱いで両方のひもを結び、また必要になったときのために首にかけた。
　スニッフとスカリーは笑い、感心してうなずいた。そしてホーは新しいチーズの山に飛び込んだ。おなかいっぱい食べると、彼は新鮮なチーズをひとかけ掲げて乾

杯した。「好転に、万歳！」

　ホーは新しいチーズを味わいながら、これまで学んだことを思い返した。

　変わることを恐れていたとき、彼はもうそこにはない古いチーズの幻想に取りつかれていたのだ。

　では、何が彼を変えたのか？　餓死することへの恐怖か？　そうかもしれないな、とホーは微笑んだ。

---

adapt（動）…順応する、適応する
recognize（動）…識別する、〜だと分かる
bellies（名）…belly（おなか）の複数形
admiration（名）…感嘆、賞賛
certainly（副）…確かに、きっと

問題3　国家一般職（2021年度）……………………………………………… 本冊P.110

　　正解：4

出典：University of Oxford
　選択肢から、テーマは「**アフリカの手押しポンプの故障**」と「**その改良に関するプロジェクト**」だと考えられる。

1× 選択肢後半「手押しポンプが故障した場合の影響は**女性にとって非常に大きい**」という内容は、本文第2段落3文目後半「The health, education and economic costs, particularly for women and girls, are enormous」に合致する。しかし、その理由として、選択肢前半の「手押しポンプにより水を確保する活動を母親の仕事とする習慣が残っているため」という**記述はない**。

2× 選択肢の「アフリカでは、手押しポンプの故障は」「しばしば放置されてきた」という内容は、本文第3段落2文目前半「Many handpumps in the region were frequently left broken」で述べられている。しかし、その理由は、文後半because以下の「the mechanics were not aware that repairs were needed（ただ単に**整備士が、修理が必要だと気づいていなかった**）」からであり、選択肢の「修理に必要な部品の不足や専ら工具として働いている人がいない」という**理由ではない**。

3× 本文第3段落3文目後半に「installing a novel transmitter into their handles（ハンドルに**最新の送信機を取り付け**）」、第3段落4文目「The data from these has allowed the team to design a new maintenance model that allows a team of mechanics to act quickly to repair them faster.」に「送信され

たデータの利用により」「**より早く修理できるような新しいメンテナンスモデルを設計する**ことができた」という記述はあるが、選択肢の「簡単に部品を取り替えられるよう設計する」といった**記述はない**。

4○ 本文第3段落5文目に「A trial of Smart Handpumps across two counties in Kenya reduced the average downtime of a handpump to less than three days, a huge improvement on the 30 days that pumps had previously been out of order.（ケニアの2つの郡で改良されたスマートハンドポンプを試行したところ、故障により使用できない期間は**平均で3日未満に短縮され、以前の30日間に比べて大幅に改善された**）」とあるので、「故障により利用できない期間が以前に比べて短縮された」と言える。よって、**本文と合致する**。

5✕ 選択肢前半の内容は、本文第4段落1文目に「This interdisciplinary research project（この学際的な研究プロジェクトは）」「includes social science, natural science and engineering（**社会科学、自然科学、工学にまたがるものとなっている**）」とあり、本文全体から公衆衛生とも深い関わりがあるとわかるので合致する。しかし、本文第4段落2文目に「Findings have influenced water policy in Kenya at a national level（この研究成果は国家レベルで**ケニアの水に関する**政策に影響を与えており）」とあるが、選択肢後半の「アジアや中南米の各国政府の政策形成に影響を及ぼしている」という**記述はない**。

〈全訳〉
　アフリカでは約2億7,500万人が、信頼できるまともな水の供給を受けていない。多くの農村部では、日常生活に必要な水を手押しポンプに頼っている。しかしその手押しポンプの4台に1台が常に故障した状態である。これは人々の生活に壊滅的な影響を及ぼす可能性がある。

　故障した手押しポンプの修理が長時間遅れると、各世帯はしばしば遠く離れた別の水源や、汚れた水源から水を汲まなければならなくなる。学校、診療所、地域社会でポンプが故障した場合、修理には通常数週間から数か月かかる。特に女性と女児にとって、健康面、教育面、経済面においての影響は非常に大きいが、それらは回避できるはずのものである。

　スマートハンドポンププロジェクトは、Oxford大学において、英国国際開発省の資金提供を受けた研究プロジェクトとして始まった。アフリカ農村部へより持続的に水を供給するために、モバイルデータを革新的に利用して行われた。この地域の手押しポンプの多くは、ただ単に整備士が、修理が必要だと気づいていなかったという理由だけで、しばしば故障したまま放置されていた。スミス企業環境スクール（SSEE）のPatrick Thomson氏が開発したスマートハンドポンプ技術は、ハンドルに最新の送信機を取り付けることにより、既存の手押しポンプを「スマート（高性能）」手押しポンプに変身させる。送信されたデータにより、整備士チームが迅速

に行動し、より早く修理できるような新しいメンテナンスモデル（維持管理の手法）を設計することができた。ケニアの2つの郡で改良されたスマートハンドポンプを試行したところ、故障により使用できない期間は平均で3日未満に短縮され、以前の30日間に比べて大幅に改善された。

《中略》

　この学際的な研究プロジェクトは、現在、Rob Hope氏が率いるSSEEの広範囲な水に関するプログラムの一環となっており、社会科学、自然科学、工学にまたがるものとなっている。この研究成果は、国家レベルでケニアの水に関する政策形成に影響を与えており、この取り組みは、今後ユニセフによってバングラデシュの学校で試行される予定である。

---

household（名）…世帯、家族　　　　**smart**（形）…賢明な、高性能の
aware（形）…～に気づいている、知っている
transmitter（名）…（電波などの）送信機
interdisciplinary（形）…複数の異なる分野にまたがる、学際的な

問題4　国家一般職（2021年度）改題 …………………………………………… 本冊P.112

正解：4

出典：Thomson Reuters Foundation
選択肢から、テーマは「**農作物供給に関する問題**」と「**報告書が提言する改革**」だと考えられる。

1✕　本文第1段落2文目のPer Pharo氏の発言に「A small disruption in supply really can do a lot of damage and leads to huge price increases（わずかな供給の混乱が、大きな損害を与え、価格高騰につながる可能性がある）」とあり、第1段落1文目後半に「with the authors urging governments to do more to support sustainable agriculture（（報告書の中で）著者は、持続可能な農業を支援するために、**政府**がもっと努力すべきだと述べている）」とあるが、「先進国は発展途上国の持続可能な農業に対して積極的に支援するべきである」とは**述べていない**。

2✕　選択肢後半は、本文第1段落2文目のPer Pharo氏の発言の「A small disruption in supply really can do a lot of damage and leads to huge price increases（わずかな供給の混乱が、大きな損害を与え、価格高騰につながる可能性がある）」に合致する。しかし、**第1段落5文目**に「Global over-dependence on a relatively small number of staple foods（世界的に人々

は比較的数が少ない主食に過度に依存している)」、第2段落2文目に「dependency on specific crops（特定の作物への依存）」などの記述があるため、選択肢前半の「あらゆる国の人々が様々な農作物に依存している」がその理由ではない。

3× 本文第2段落1文目に「The damage the modern food industry does to human health, development and the environment costs the world $12 trillion a year—equivalent to China's GDP—（近代的な食品産業が人々の健康、発展、環境に及ぼす損害額は全世界で年間12兆ドルに達しており、それは中国のGDPに相当する)」とあるので、選択肢の「中国において、近代的な食品産業が」「及ぼす損害額は年間12兆ドルに達している」は誤りである。

4○ 本文第4段落2〜4文目に書かれた内容と合致している。

5× 選択肢前半は、本文第4段落2文目に、「that would create business opportunities worth up to $4.5 trillion（4兆5千億ドルに相当するビジネスチャンスを生み出すことになり)」とあるので合致する。しかし、第4段落最終文前半で、Pharo氏は「What we're saying is realistic if the reform agenda is implemented（改革案が実行されれば、私たちが言っていることは実現可能なものになる)」と述べているので、選択肢後半の「その効果が出るのは何年後か分からず、効果の検証が難しいという課題がある」とは言えない。

〈全訳〉
　新しい世界的な研究によると、農業のやり方を変えることによって、健康面と環境面にもたらされる利点は、それにかかるコストを大幅に上回ることが分かった。（報告書の中で）著者は、持続可能な農業を支援するために、政府がもっと努力すべきだと述べている。この研究を支援している、経済学者と科学者の世界的な連合体である食料・土地利用連合のPer Pharo氏は、「わずかな供給の混乱が、大きな損害を与え、価格高騰につながる可能性がある」と述べた。さらに「それは人々に苦しみを与え、社会不安を生む。また飢餓と社会的に不安定な状態につながる可能性が極めて高い」とThomson Reuters財団に語った。世界的に人々は比較的数が少ない主食に過度に依存しているため、不作の影響を受けやすくなっており、気候変動がその負担に拍車をかけていると報告書によると述べられている。

《中略》
　研究によれば、近代的な食品産業が人々の健康、発展、環境に及ぼす損害額は全世界で年間12兆ドルに達しており、それは中国のGDPに相当する。一連の解決策が提案されており、人々の健康状態を改善し特定の作物への依存を減らすために、より多様な食生活を奨励することから、森林の回復に関わる農業形態への支援の強化にまで至っている。森林の回復は気候変動に対応する重要な手段である。

例えばコスタリカでは、政府は畜産家への補助金を廃止し、土地を持続的に管理する農家への補助金を導入することで、森林の回復を図った。報告では、その結果、1983年には国土の4分の1であった森林面積は、現在では半分以上にまで増加したと報告では述べられている。

　改革にかかる費用は、最大年間3,500億ドルに上ると推定される。しかし、もし実現すれば、4兆5千億ドルに相当するビジネスチャンスを生み出すことになり、利益は15倍になる見込みだ。また、この改革によって12億ヘクタールの農地が解放され、気候変動を抑制し生物多様性の損失を阻止するのに不可欠である。これは7か国にまたがるアマゾンの熱帯雨林の2倍以上に当たる面積である。「改革案が実行されれば、私たちが言っていることは実現可能になる」とPharo氏は言い、もし改革案が実現すれば、消費者は実際にもう少し手頃な価格で食物を購入することができるようになるだろう、と付け加えた。

問題5　国家一般職（2022年度）……………………………………………… 本冊P.113

正解：1

　出典：Daksha Morjaria, Enterprising Kenyan Engineer Finds An Innovative Solution To Use Plastic Waste, DOGOnews

　選択肢から、テーマは「**プラスチックごみを再利用してブロックを製造したケニアのMatee氏の取り組み**」だと考えられる。

1○　本文第1段落2・3文目に「the government upped the ante with a ban on single-use plastics in protected areas（政府は**保護地域での使い捨てプラスチックの禁止**という、より厳しい措置を講じた）」「Unfortunately, the preemptive measures have barely made a dent（残念ながら、その先制的な対策は**ほとんど効果を上げていない**）」とあるので、選択肢の内容と**合致する**。

2×　本文第2段落2文目に、Matee氏は、研究のために「She quit her job as a data analyst at a local chemical factory（地元の**化学工場**での**データ分析の仕事を辞めた**）」とあるが、選択肢前半の「化学工場で得られたデータを活用・分析して」研究を行った、という**記述はない**。

3×　本文第3段落1文目で、Matee氏は、「I wanted to use my education in applied physics and materials engineering to do something about the problem of plastic waste pollution（応用物理と材料工学の分野で**受けた教育を生かして**、プラスチックごみ汚染の問題をなんとかしたかった）」と発言しているが、選択肢後半の「応用物理や材料工学の教育を行うことが必要」とは**述べていない**。

4 × 本文第4段落3文目に、材料となるプラスチック製品は、「obtained directly from factories（工場から直接入手されるか）」、ごみ処理地から集められる、とあるので、選択肢後半の「ごみ処理地に廃棄したものに限定されている」わけではない。

5 × 本文第5段落2文目に、できあがったブロックは「stronger, lighter, and about 30 percent cheaper than concrete bricks（コンクリート製のブロックよりも強く、軽く、約30%安価である）」とあるので、選択肢前半「ブロックの品質は、コンクリート製のブロックより劣る」とは言えない。

〈全訳〉

　東アフリカのケニアは、2017年にレジ袋の使用を禁止して以来、プラスチック削減に対する世界的な取り組みの最前線に立っている。2020年6月、政府は保護地域での使い捨てプラスチックの禁止という、より厳しい措置を講じた。残念ながら、その先制的な対策はほとんど効果を上げていない。何百トンもの産業廃棄物および一般廃棄物のプラスチックごみが、毎日ごみ処理地に捨てられ続けている。しかし、29歳の女性Nzambi Matee氏の手にかかれば、見苦しいプラスチックごみの山はすぐにカラフルなブロックに生まれ変わるだろう。

　2017年に、材料技術者であるMatee氏は、プラスチック汚染を抑制し得る解決策を見つけるために研究を開始した。彼女は地元の化学工場でのデータ分析の仕事を辞め、母親の家の裏庭に小さな研究室を立ち上げた。最初のブロックを製造するのに9か月かかり、ブロックを作るための機械の製造を手伝ってくれる者を説得するのには、さらに時間がかかった。しかし、決意に満ちたこの環境起業家は自分の考えに自信を持っており、諦めなかった。

　「私は応用物理と材料工学の分野で受けた教育を生かして、プラスチックごみ汚染の問題をなんとかしたかったのです。しかし、その解決策は、実用的で、持続可能で、安価でなければならないということは明らかでした。その最良の方法は、廃棄物を建設する場所に流し込み、住宅を建てるための最も効率的で安価な材料にすることでした」と彼女は言う。

　彼女の会社、Gjenge Makers社は現在112名を雇用し、1日に1,500個以上のブロックを生産している。ブロックは、空のシャンプーボトルからバケツ、ビーチサンダルまで、再加工やリサイクルが不可能なプラスチック製品を混ぜて作られている。材料となるプラスチック製品は、工場から直接入手されるか、ダンドラというナイロビ最大のごみ処理地で地元の従業員が拾い集めたものが使用される。

　回収されたプラスチック製品は砂と混合され、かなりの高温で加熱され、圧縮されて色も厚さも異なるブロックに加工される。できあがったブロックは、コンクリート製のブロックよりも強く、軽く、約30%安価である。さらに重要なことは、この取り組みが最低な品質のプラスチックを再利用するのに役立っていることである。「これ以上処理できない、リサイクルできない廃棄物があります。それこそが、私たちが必要とするものなのです」とMatee氏は言う。

up the ante…賭け金を引き上げる、（成果を上げようと）より厳しくする
ban（名）…禁止
barely（副）…ほとんど〜ない
obtain（動）…得る、手に入れる
landfill（名）…（埋め立て式）ごみ処理地

問題6 国家一般職（2023年度） ………………………………………… 本冊P.114

正解：5

出典：Courtesy CNN
選択肢から、キーワードは「**小児期の肥満**」「**対策**」「**取組**」だと考えられる。

1 × 本文第1段落1文目に2010年以来、「numerous public health efforts have been implemented to reduce rates of childhood obesity（小児期の肥満を減らすための公衆衛生上の数多くの取組が実施されてきた）」とあるが、**2文目**に「Despite these efforts, rates of childhood obesity have increased, a sign that these actions may not be as beneficial as people assume（こうした取組**にもかかわらず**、小児期の肥満の割合は増加しており、**期待されているほど効果的でないのかもしれない**）」とあり、選択肢後半の「現在の方が取組の効果が高いことが示されている」は**誤りである**。

2 × Cunningham氏は、本文第1段落2文目で「a sign that these actions may not be as beneficial as people assume（**こうした取組が、期待されているほど効果的でないのかもしれない**）」と述べているが、選択肢の「小児期の肥満の実験を行った結果、子ども本人が減量の努力をしても」という**記述はない**。

3 × 本文第2段落に「Experts believe that lowering rates of childhood obesity may come down to public policy, such as improving school nutrition packages and expanding the Supplemental Nutrition Assistance Program（**専門家たちは**、小児期の肥満の割合を下げるには、結局は**学校給食の改善**や『補助的栄養支援プログラム』の拡大といった、**公共政策が必要**と考えている）」とあるが、選択肢の「学校での肥満対策のみでは効果が限られている」「新たな法整備を推奨している」という**記述はない**。

4 × Narayan氏の発言に、本文第4段落2文目で「finding strategies to effectively prevent obesity from becoming more "severe,"（肥満が『**重症化**』するの

を効果的に予防する戦略を見つける)」ために「More organized research is needed（より組織的な研究が必要である）」という記述はあるが、選択肢の「より『重度』の肥満の子どもから優先的に、効果的な治療を開始することの必要性を指摘」という記述は**ない**。

5○　本文第5段落でBaidal氏が述べている内容と**合致する**。

〈全訳〉
　2010年以来、Michelle Obama氏の「Let's Move（体を動かそう）」キャンペーンや「Healthy, Hunger-Free Kids Act（健康で飢えることのない子どもたち法）」など、小児期の肥満の割合を減らすための公衆衛生上の数多くの取組が実施されてきた。こうした取組にもかかわらず、小児期の肥満の割合は増加しており、期待されているほど効果的でないのかもしれない、とEmory大学国際保健および疫学のSolveig Argeseanu Cunningham准教授は言う。
　専門家たちは、小児期の肥満の割合を下げるには、結局は学校給食の改善や「補助的栄養支援プログラム」の拡大といった、公共政策が必要と考えている。
　Columbia大学「小児科肥満イニシアチブ（小児期の肥満に対する戦略）」の責任者であるJennifer Woo Baidal博士は、「このような政策の変更は、公平な方法で、食料不安を軽減し、栄養状態を改善し、子どもの体重の測定結果を改善することが同時に行えるという確証もあります」と述べた。
　しかし、社会経済的状況は小児期の肥満の主要な予測因子ではなかったので、政策の変更だけでは十分ではないかもしれない、とEmory大学国際糖尿病研究センター局長のVenkat Narayan博士は言う。肥満が「重症化」するのを効果的に予防する戦略を見つけるだけでなく、小児期の肥満の割合の増加や発症の早期化につながる要因を見つけるためには、より組織的な研究が必要である、と彼は付け加えた。
　「他国では、大規模な記録やデータベースが保持されており、時間の経過に伴い個々人に何が起こっているかをタイムリーに監視することができます」とBaidal氏は述べた。「米国における子どもの健康や肥満の予防に対する投資が不足していることをさらに示しています」

---

despite（前）…〜にもかかわらず
come down to 〜…〜に行き着く、結局〜ということになる
public policy…公共政策
severe（形）…（病気などが）ひどい、重い
investment（名）…投資

正解：2

出典：Reprinted with permission of The Wall Street Journal, Copyright © 2022 Dow Jones & Company, Inc. All Rights Reserved Worldwide. License number 5733911148626; 5733920086293.

　選択肢から、キーワードは「ヨーロッパ」「リモートワーク」「デジタルノマド」だと考えられる。

1× **本文第2段落1文目**に「Nearly a dozen European countries, from Latvia to Croatia to Iceland, have introduced longer-term visas to attract affluent remote workers from abroad.（**ラトビアからクロアチア**、**アイスランドに至るヨーロッパの十数か国**で、**海外から**裕福なリモートワーカーを呼び込むための**長期ビザ**の発行が導入されている）」とあるので、選択肢後半の「リモートワークの推進に積極的に取り組んでいる」は合致するが、「国内のリモートワーカーを対象に、税制上の新たな優遇措置を設け」といった**内容はない**。

2○ **本文第3段落1文目**に「Some European cities and villages have also started their own remote-worker campaigns as a way to boost their economies and sustain local service jobs.（**ヨーロッパの都市や村の中には、経済を活性化**し、地元のサービス業を維持するために、**独自のリモートワーカー・キャンペーンを展開**したところもあった）」とあるので、選択肢の内容と**合致する**。

3× **本文第4段落2文目前半**に、デジタルノマドは「those who combine remote work with travel（**リモートワークと旅行を組み合わせた働き方をする人々**）」とあるので、選択肢の「長期休暇は外国旅行に行き、自国ではリモートワークを行う人々」ではない。また、同文内に「The number of Americans who identify as digital nomads（デジタルノマドを自認する**アメリカ人**の数は）」「more than doubled（**2倍以上に増えた**）」とあり、選択肢後半の「米国のデジタルノマドの数はスペインの2倍である」も**誤りである**。

4× **本文第5段落1文目文頭**に「Many digital nomads are skilled knowledge workers（デジタルノマドの多くは**熟練した**知識労働者であり）」とあるので、選択肢前半の「デジタルノマドの多くが勤務経験の浅い若者である」は**誤りである**。

5× **本文第6段落前半**で、Choudhury准教授が「Countries are now competing

for talent, just like companies used to compete for talent（かつて企業が人材を獲得するために競争していたように、今や**各国が人材を獲得するために競争している**）」と述べているので、選択肢の内容とは**合致しない**。

〈全訳〉

　パンデミック（感染症の世界的流行）の間、多くのリモートワーカーは、ノートパソコンとパスポートを持って遠く離れた土地に出かけ、放浪願望をかなえた。そして今、ヨーロッパの多くの地域で、滞在を呼びかけられている。

　ラトビアからクロアチア、アイスランドに至るヨーロッパの十数か国で、海外から裕福なリモートワーカーを呼び込むための長期ビザの発行が導入されている。イタリアやスペインを含む他の国でも同様の計画が進められている。また、ギリシャやエストニアなどの多くの国でも、税制上の優遇措置やその他の特典を設けて、いわゆるデジタルノマドの支持を得ようと努めている。

　ヨーロッパの都市や村の中には、経済を活性化し、地元のサービス業を維持するために、独自のリモートワーカー・キャンペーンを展開したところもあった。例えばスペインでは、「リモートワーカー歓迎村全国ネットワーク」という団体が、リモートワーカーが人口5,000人以下の村に定住できるように支援をしている。同団体のウェブサイトでは、参加する村の宿泊施設、Wi-Fi接続速度、地元の観光スポットなどの情報を検索することができる。

　「どこからでも働ける」ことを重要視している労働者が出てきたのもここ数年だ。独立請負業者向けのサポートサービスを提供するMBOパートナーズによると、リモートワークと旅行を組み合わせた働き方をする人々、いわゆるデジタルノマドを自認するアメリカ人の数は、2019年の700万人から2021年には1,500万人と2倍以上に増えた。その多くは、「束縛されずにいたい」と答えている。Gallup社の6月の調査では、自分の仕事がどこからでもできると答えた労働者の22%が、2022年以降もフルタイムでリモートワークを続けるつもりだと答えている。

　デジタルノマドの多くは熟練した知識労働者であり、ヨーロッパのデジタルノマドビザ発行制度で定められている要件である、月収2,000〜3,500ユーロをはるかに超える収入を得ている。よって、多くの国や町は、彼らを呼び込もうとしているのだ。

　「かつて企業が人材を獲得するために競争していたように、今や各国が人材を獲得するために競争している」と述べるハーバード・ビジネス・スクールのPrithwiraj Choudhury准教授は、現在世界中で三十数か国近くの国がデジタルノマドビザを発行していると推定している。

---

boost（動）…活性化する、増加する
combine（動）…組み合わせる、結合させる
skilled（形）…熟練した
lure（動）…誘い込む

問題 8 国家総合職（2023年度）.. 本冊P.117

正解：3

出典：February 21, 2022, The Japan Times
選択肢から、キーワードは「アイヌ語」「絶滅の危機」「言語」だと考えられる。

1× 本文第1段落1文目後半に「efforts by the government, community groups and citizens to preserve and revitalize it（**アイヌ語を保存**し、活性化しようとした、政府、地域団体、市民の**努力**）」とあるので、選択肢前半と概ね合致するが、その内容は**第1段落3文目**の「people can now hear announcements in Ainu on some bus routes in Hokkaido, and anyone with an internet connection can access a popular conversational Ainu channel on YouTube（北海道の一部のバス路線ではアイヌ語のアナウンスが聞けるようになったし、インターネットに接続できれば誰でもYouTubeで人気の**アイヌ語会話チャンネルにアクセスすることができる**）」ことであり、選択肢の「路線バスのアナウンス」の部分は合致するが、**その他の取り組みについては書かれていない。**

2× 本文第2段落1文目「International Mother Language Day, which is observed every Feb. 21（毎年2月21日に開催される『国際母語デー』）」で、**2文目後半**「a variety of worldwide events and workshops conducted to raise awareness of languages and promote multilingualism（**世界各地でさまざまなイベントやワークショップ**が、言語に対する認識を高め、多言語主義を推進するために**開催される**）」という記述はあるが、選択肢の「絶滅の危機にある母語を持つ先住民族たちが」「自らの言語を相互に教え合う活動を行っている」という**記述はない。**

3○ 本文第3段落1文目後半「eight languages in Japan are endangered, including various Ryukyuan languages and Hachijo in addition to Ainu（日本では**アイヌ語の他**、さまざまな琉球語や八丈語など**8言語が絶滅の危機に瀕している**）」、**2文目**「The Ainu language is the only one designated as being critically endangered, where the "youngest speakers are grandparents and older, and they speak the language partially and infrequently."（アイヌ語は唯一、**危機的状況**にあるとされた言語であり、『**最も若い話し手が祖父母以上の世代**の人であり、その言語を部分的かつ、まれにしか話さない』のである）」、**本文第5段落最終文**「traditionally an oral language without an original writing system（伝統的に**独自の文字体系を持たない**口頭言語である）」とそれぞれ記述されているので、選択肢の内容と**合致する。**

4× 本文第4段落1文目に「It is difficult to pinpoint how many people can speak Ainu（アイヌ語を話せる人が何人いるのかを特定するのは難しい）」とあるので、選択肢前半の「アイヌ語の話し手は1万人以上いる」とは**言えない**。また2文目に「According to a 2017 survey by the Hokkaido Prefectural Government, an estimated 13,118 people in Hokkaido identify as Ainu, although the actual number may never be known, given that past discrimination forced many to hide their Ainu heritage, even at times from their own children.（北海道庁の2017年の調査によると、北海道で推定13,118人がアイヌ民族であるとされているが、**実際の数は把握できないかもしれない。過去の差別によって多くの人がアイヌ民族であることを隠し、時には自分の子どもにもアイヌ民族であることを隠さざるを得なかったからだ**）」と記述されているが、選択肢後半の、「過去に行われた差別から、幾つかのアイヌ語の方言は絶滅の危機に瀕していることが判明している」という**記述はない**。なお、アイヌ民族は推定13,118人いるが、**アイヌ民族のうち何%がアイヌ語を話せるかの記述がないため**、アイヌ語話者の人数は算出できない。

5× 本文第5段落1文目に「Ainu is categorized as a language isolate（アイヌ語は孤立した言語に分類され）」「cannot be linked to any language family（どの語族にも属さない）」とあるので、2文目後半に「traditionally an oral language without an original writing system（伝統的に**独自の文字体系を持たない口頭言語である**）」とあり選択肢の内容は部分的に合致しているが、日本語が孤立した言語であるという記述はないため、選択肢の「日本語と同様に」という**記述は誤り**。また、本文第3段落3文目に「On a five-level scale with five meaning extinct, this represents level four.（5が**絶滅を意味する5段階評価で、これはレベル4に相当する**）」とあり、選択肢の「習得する難しさ」ではない。

〈全訳〉
　アイヌ語はさまざまな力によって、絶滅の危機に追いやられてきた。その力はアイヌ語を保存し、活性化しようとした、政府、地域団体、市民の努力に火をつけ、時間と戦いの中に引き込んでいった（その時間との戦いの1つである）。現在では、2020年に北海道の白老にオープンした「民族共生象徴空間（ウポポイ）」など、日常生活にアイヌ語を取り入れるために企画されたプロジェクトが行われている。（日常生活とは）例えば、北海道の一部のバス路線ではアイヌ語のアナウンスが聞けるようになったし、インターネットに接続できれば誰でもYouTubeで人気のアイヌ語会話チャンネルにアクセスすることができる。
　先住民の文化的なアイデンティティを保護するための、より広範囲で長期的な取り組みとして、毎年2月21日に開催される「国際母語デー」がある。1999年にユネスコによって正式に宣言された国際母語デーでは、世界各地でさまざまなイベントやワークショップが、言語に対する認識を高め、多言語主義を推進するために開催

される。また、(多言語主義を推進するこれらの行事は)2022年に始まる「国連先住民言語の10年」にも関連している。

ユネスコの「世界の消滅危機言語地図」第3版によると、日本ではアイヌ語の他、さまざまな琉球語や八丈語など8言語が絶滅の危機に瀕している。アイヌ語は唯一、危機的状況にあるとされた言語であり、「最も若い話し手が祖父母以上の世代の人であり、その言語を部分的かつ、まれにしか話さない」のである。5が絶滅を意味する5段階評価で、これはレベル4に相当する。かつてアイヌ語には北海道方言、樺太方言、千島方言など別個の方言があったが、現在ユネスコは北海道方言を現存する唯一の方言としている。

アイヌ語を話せる人が何人いるのか、アイヌ民族が何人いるのかを特定するのは難しい。北海道庁の2017年の調査によると、北海道で推定13,118人がアイヌ民族であるとされているが、実際の数は把握できないかもしれない。過去の差別によって多くの人がアイヌ民族であることを隠し、時には自分の子どもにもアイヌ民族であることを隠さざるを得なかったからだ。

アイヌ語は孤立した言語に分類され、祖語を持たず、どの語族にも属さない。日本語とは言語学的に区別され、伝統的に独自の文字体系を持たない口頭言語である。

---

brink(名)…寸前、瀬戸際
extinction(名)…絶滅
linguistically(副)…言語学的に
distinct(形)…全く異なった、別個の

問題9 国家一般職（2023年度）……………………………………………… 本冊P.119

正解：3

選択肢から、キーワードは「親」「信じる」「子ども」「世の中」「危険」等だと考えられる。

1 〈選択肢全訳〉
　親は、自分の家が安全な場所にあれば、10歳の男の子を3時間ひとりで留守番させても大丈夫だと思っている。
　〈解説〉
　× 本文第2段落2文目後半に「親は」「12 years old to stay home alone for an hour（家で1時間ひとりで過ごせるのは12歳以上）」「であると答えている」とあるので、選択肢前半の「Parents believe that they can leave a 10-year-old boy at home alone for three hours（10歳の男の子を3時間

ひとりで留守番させても大丈夫だと思っている）」は**誤りである**。

2 〈選択肢全訳〉
もし親が子どもたちに健康で幸せであってほしいと願うなら、世の中は危険なものだと教えるべきだ。
〈解説〉

× 本文第3段落2文目で「If you want children to be safe (and thus, happy), you should teach them that the world is dangerous（子どもたちに安全であってほしい、つまり幸せであってほしいと願うなら、世の中は危険だと教えるべき）」とあるが、3文目で「But in fact, teaching them that the world is dangerous is bad for their health, happiness, and success.（しかし実際には、『世の中は危険だ』と教えることは、**子どもたちの健康や幸福、成功に悪影響を及ぼす**）」と否定されている。よって選択肢の内容は**誤りである**。

3 〈選択肢全訳〉
肯定的な「原始的世界観」を持っている人は、否定的な「原始的世界観」を持っている人よりも健康である傾向がある。
〈解説〉

○ 本文第5段落2文目に「people holding negative primals are less healthy than their peers（**否定的**な『原始的世界観』を持つ人は、他の同世代の人よりも**不健康で**）」とあるので、選択肢の内容に**合致している**。

4 〈選択肢全訳〉
親が「世の中は危険だ」と教えた子どもは、他人に寛容な大人になる。
〈解説〉

× 本文第6段落1文目で「Teaching your kids that the world is dangerous can also make them less tolerant of others.（世の中は危険だと子どもに教えることは、**他人に対する寛容さを失わせる可能性もある**）」と述べられているので、選択肢の内容は**誤りである**。

5 〈選択肢全訳〉
言論は暴力の一形態であると教えることは、子どもの心と知的能力の成長を促進する。
〈解説〉

× 本文第7段落2文目で「when parents (or professors) teach young people that ordinary interactions are dangerous — for example, that speech is a form of violence — it hinders their intellectual and emotional growth（親、あるいは教授が、若者たちに日常の相互作用は危険、例えば、言論は暴力の一形態であるなどと教えることは、**若者の知的・**

感情的成長を妨げる)」と述べられているので、選択肢の内容は誤りである。

〈全訳〉

　親としては、自分の子どもに何か起こることを人生で最も恐れるだろう。アメリカのOnePollとLice Clinics（いつも使用しているデータの提供元ではないが、他に行っているところがないようだ）が2018年に行ったある世論調査によると、親は週に平均37時間を、子どもの心配に費やしている。例えば、新学期に最も心配なのは、子どもの安全である。他の心配事に対処する前に、まずは安全という基盤が確立されるべきであると考えれば、当然のことだろう。

　このような心配事の影響は、現代の子育てにも見られる。Pew研究センターが2015年に発表した報告書によると、平均して、親は子どもが自分の家の前庭で監視なしで遊べるのは少なくとも10歳以上、家で1時間ひとりで過ごせるのは12歳以上、公共の公園で監視なしでいられるのは14歳以上と答えている。また、親が子どもに世の中について教える内容にも表れている。心理学者のJeremy D. W. Clifton氏とPeter Meindl氏は、2021年に『ポジティブ心理学ジャーナル』誌に寄稿し、回答者の53%が、自分の子どもに「世の中は危険だ」と教える傾向にあることを明らかにした。

　善かれと思ってやっているに違いない。子どもたちに安全であってほしい、つまり幸せであってほしいと願うなら、世の中は危険だと教えるべきであり、そうすれば子どもたちはもっと慎重で、用心深くなるだろう。しかし実際には、「世の中は危険だ」と教えることは、子どもたちの健康や幸福、成功に悪影響を及ぼす。

　世の中はほとんど安全だ、あるいはほとんど危険だという主張は、心理学者が「原始的世界観」と呼ぶもので、人間の本質に関するものである。具体的には、否定的な原始的世界観において、世の中の根本的な性質は脅威であると想定されている。原始的世界観は、スポーツや政治などの具体的な考え方とは異なり、我々の世界観全体に影響を与えるものである。レッドソックスは偉大な野球チームだと信じていても、一般的には、それが野球とは関係のない場面での行動や意思決定に影響を与えることはない。しかし、Clifton氏とMeindl氏によれば、もし世の中は危険だと信じていると、生活や人間関係、仕事などへの価値観に影響を与える。例えば、他人の動機をより疑うようになり、夜に外出するなど、自分や愛する人を危険にさらすようなことをしなくなる。

　世の中は危険だと信じることが子どもたちの助けになればよいが、実際には正反対だとされている。同じ論文の中でClifton氏とMeindl氏は、否定的な原始的世界観を持つ人は、他の同世代の人よりも不健康で、悲しみを抱えていることが多く、うつ病になりやすく、自分の人生に満足していないことを明らかにしている。また、自分の仕事を嫌いになり、肯定的な人たちよりも成績が悪くなる傾向がある。貧困、病気などの悪い境遇にあるから、大きな恐怖心や悪い結果を招いているという説がある。しかし、Clifton氏とMeindl氏が主張するように、原始的世界観は、人生の結果に相互作用する可能性もある。常に危険を探しリスクを回避しているからこそ、もっと苦しみを味わうのかもしれない。

世の中は危険だと子どもに教えることは、他人に対する寛容さを失わせる可能性もある。2018年のある研究で、研究者たちは「世の中は危険だと信じている尺度」と呼ばれる尺度を成人に対して調査し、「いつ無秩序や無政府状態が私たちの周りで勃発してもおかしくない」「私たちの社会には、何の理由もなく純粋な意地悪で誰かを攻撃する危険な人がたくさんいる」といった記述に賛成か反対かを尋ねた。この尺度で高得点を取った人たちは、自分たちの安全を脅かすという固定観念で、不法移民などの集団に対しても、偏見や敵意の高まりを示すことが分かった。この調査は成人を対象に行われたものだが、こうした態度が子どもたちにも大いに影響を与えると容易に想像がつく。

これは、作家のGreg Lukianoff氏とJonathan Haidt氏が2015年に『アトランティック』誌で主張し、その後出版された『アメリカ人の心の教育』で述べていることと似ている。親、あるいは教授が、若者たちに日常の相互作用は危険、例えば、言論は暴力の一形態であるなどと教えることは、若者の知的・感情的成長を妨げると主張している。白か黒かの見方、例えば、世界は善か悪のどちらかの人間で構成されているという考え方をするようになり、政治的不一致のような些細なストレスにも、不安を感じるようになるという。

---

peer（名）…（年齢・能力などが）同等の者
tolerant（形）…寛容な、寛大な
hinder（動）…妨げる、邪魔する
promote（動）…促進する、増進する

問題10 国家一般職（2023年度） ……………………………………………… 本冊P.121

正解：2

出典：Copyright Guardian News & Media Ltd 2024
選択肢から、キーワードは「排出量」「環境変化」「気候」「災害」等だと考えられる。

1 〈選択肢全訳〉
取り返しのつかない環境変化を防ぐためには、2030年までに1.5℃という合意目標の半分まで排出量を削減する必要がある。
〈解説〉
× **本文第2段落1文目前半**に「Emissions must fall by about half by 2030 to meet the internationally agreed target of 1.5 ℃ of heating（国際的に合意された1.5℃の気温上昇という目標を達成するためには、2030年までに排出量を約半分に削減しなければならない）」とあるので、選択肢後半の「1.5℃という合意目標の半分まで排出量を削減する必要がある」は**誤り**。

2 〈選択肢全訳〉

大手石油会社2社は、コロナの終焉とウクライナ侵攻の結果、前四半期に2倍の利益を上げたと発表した。

〈解説〉

○ 本文第3段落1文目に書かれた内容と**合致している**。

3 〈選択肢全訳〉

Cop26国連気候サミットで約束したように、ほとんどの国がエネルギー計画を変更したが、それでも2030年までに地球温暖化で2.5℃上昇すると予想されている。

〈解説〉

× 本文第5段落2文目に「Only a handful of countries have ramped up their plans in the last year, despite having promised to do so at the Cop26 UN climate summit in Glasgow last November.（昨年11月にグラスゴーで開催された**Cop26国連気候サミットで約束したにもかかわらず**、この1年間でエネルギー計画を強化した国は**ほんの一握り**だった）」とあるので、選択肢前半の「Cop26国連気候サミットで約束したように、ほとんどの国がエネルギー計画を変更した」は**誤りである**。

4 〈選択肢全訳〉

世界的な地政学的不安定にもかかわらず、各国は気候に関する見解で一致した。気候変動が要因であれば、適切なタイミングで世界レベルでの集団行動を起こすことができるのだ。

〈解説〉

× 本文第9段落1文目に「the world is unfortunately in a geopolitically unstable state（世界は残念ながら地政学的に不安定な状態にあり）」、2文目「So when we need collective action at the global level, probably more than ever since the second world war, to keep the planet stable, we have an alltime low in terms of our ability to collectively act together（地球の安定を維持するためには第二次世界大戦以来、おそらくかつてないほど世界レベルでの集団行動が必要なのですが、**集団行動を起こす能力という点で、私たちは史上最悪の状態**にあります）」と述べられているので、選択肢前半の「各国は気候に関する見解で一致している」とは**言えない**。

5 〈選択肢全訳〉

António Guterres氏によれば、G20諸国は、干ばつ、洪水、暴風雨、山火事が世界中で災害を引き起こすのを避けるために、排出量を80%削減する必要がある。

〈解説〉

× 本文第12段落1文目「Droughts, floods, storms and wildfires are devastating lives and livelihoods across the globe（干ばつ、洪水、暴風雨、山火事は、世界中の生命と生活に壊滅的な打撃を与えており）」「We need climate action on all fronts（あらゆる面で気候変動対策が必要であり）」、2文目「He said the G20 nations, responsible for 80% of emissions, must lead the way.（排出量の80％を占めるG20諸国が率先して行動を起こすべきだと述べた）」とあるが、選択肢後半の「排出量を80％削減する必要がある」とは述べられていない。

〈全訳〉

　気候危機は「本当に暗たんたる時期」を迎えている、と世界有数の気候科学者は語った。地球が大惨事に明らかに近付いているとする重大な報告が相次いでいた。気候の転換点を回避するには、第二次世界大戦以来のどの時点よりも今、世界レベルでの集団行動が必要とされているにもかかわらず、地政学的な緊張は最高潮に達しているとJohan Rockström教授は語った。世界は「取り返しのつかない変化に非常に、非常に近づいています。残された時間は本当に、とてもとても急速に無くなろうとしています」と。

　国際的に合意された1.5℃の気温上昇という目標を達成するためには、2030年までに排出量を約半分に削減しなければならないが、排出量は依然として増加している。一方で、大手石油会社は天文学的な利益を上げている。

　木曜日には、Shell社とTotalEnergies社が四半期利益を2倍の約100億ドルに伸ばした。ロシアによるウクライナ侵攻以降、大手石油、ガス会社はコロナ後の需要急増に伴い、高騰する利益を享受している。この部門は2022年に4兆ドルの利益を上げると予想されており、生活費危機に対処し、クリーンエネルギーへの移行に資金を供給するために、重税を求める声が強まっている。

　この2日間で、国連の主要3機関すべてが事実を決定づける報告書を作成した。国連環境機関の報告書によると「1.5℃への信頼できる道筋がない」ことが明らかにされ、炭素排出量の削減の進捗が「ひどく不十分」であることから、気候危機の最悪の影響を抑える唯一の方法は「社会の急速な変革」であるとされる。

　国連の気候変動機関によれば、2030年までの行動に関する現在の誓約は、完全に達成されたとしても、世界の気温が約2.5℃上昇することになるだろう。それは世界が壊滅的な気候崩壊に見舞われるレベルである。昨年11月にグラスゴーで開催されたCop26国連気候サミットで約束したにもかかわらず、この1年間でエネルギー計画を強化した国はほんの一握りだった。

　国連の気象機関は、2021年にすべての主要な温暖化ガスが過去最高を記録し、強力な温室効果ガスであるメタンの排出量が急増したと報告した。これとは別に、IEAの世界エネルギー報告書では、エネルギー価格の高騰が各国をクリーンエネルギーに向かわせ、化石燃料からのCO_2排出量が2025年までにピークに達する可能性があり、わずかに進展の兆しを見せているが、気候への深刻な影響を避けるには十分ではないと警告している。

　ドイツのポツダム気候影響研究所の所長であるRockström教授は「本当に暗たん

たる時期に来ています。排出量は依然として増加しており、パリ協定もグラスゴー協定も達成できていないという報告だけでなく、取り返しのつかない変化に非常に非常に近づいていることの科学的証拠もたくさんあるのです。つまり私たちは転換点に近づいているのです」と語る。

9月に発表されたRockström教授と彼の同僚の研究によると、グリーンランドの氷冠の崩壊を含め、人類がこれまでに引き起こした地球温暖化によって、5段階の危険な気候転換点をすでに経過しているかもしれず、1.5℃の気温上昇でさらに5段階の転換点を経過する可能性があるという。

「さらに、世界は残念ながら地政学的に不安定な状態にあります」とRockström教授は言う。「地球の安定を維持するためには、第二次世界大戦以来、おそらくかつてないほど世界レベルでの集団行動が必要なのですが、集団行動を起こす能力という点で、私たちは史上最悪の状態にあります」

「残された時間は本当に、とてもとても急速になくなろうとしています」と彼は言う。「気候科学者としての私の職業人生において、今が最低点だと言わざるを得ません。1.5℃の窓は、こうしている間にも閉ざされようとしています。本当に大変な状況なのです」

彼の発言は、国連事務総長のAntónio Guterres氏が水曜日に、気候変動対策は「情けないほど不足している」と述べた後のことだった。「私たちは世界的な大惨事に向かっています。そして経済を破壊するレベルの温暖化に向かっているのです」

さらに彼は「干ばつ、洪水、暴風雨、山火事は、世界中の生命と生活に壊滅的な打撃を与えており、日に日に悪化しています。あらゆる面で気候変動対策が必要です。そして必要なのは今なのです」と付け加えた。さらに、排出量の80%を占めるG20諸国が率先して行動を起こすべきだと述べた。

国連環境計画（UNEP）の責任者であるInger Andersen氏は、エネルギー危機は低炭素経済の実現を加速させるために利用されなければならないと『ガーディアン』紙に語った。「私たちはチャンスを逃す危険性があり、危機は無駄にするにはあまりにも恐ろしいものだ」

英国のEast Anglia大学のCorinne Le Quéré教授はこう語る。「リスクの連鎖を避けるためには、既存の危機への対応を、気候変動を可能な限り低いレベルに抑えて行うことが基本である」

この2日間に発表されたさらなる報告書によると、世界の人々の健康は化石燃料への世界的な依存に翻弄されており、気候危機が激化するにつれて、熱中症による死者、飢餓、感染症が増加している。

---

catastrophe（名）…大惨事
irreversible（形）…回復できない、不可逆の
emission（名）…排出、放出
handful（名）…一握り

2 | 2 空欄補充

問題1 国家専門職（2023年度） ··· 本冊P.130

正解：5

出典：© The New York Times. Distributed by The New York Times Licensing Group.

まず、すべての選択肢に目を通し、空欄の内容を推測する手がかりにしよう。

それぞれの選択肢を和訳してみると、以下の通りである。

1 朝型人間は、夜型人間より短時間睡眠遺伝子を多く持っている
2 米国の成人の3分の1超が朝型人間である
3 夜型人間を朝型人間に変える効果的な薬がある
4 人には多くの気晴らしがあり、そのために朝早く起きることができる
5 体内時計に多少の影響を及ぼすようなきっかけを与えることができる

これを踏まえて、空欄を含む文とその前後を見てみよう。

第3、4段落では、**睡眠の傾向は遺伝子によるものが大きい**ということが述べられている。そのような中、「But the good news is...（**しかし良い知らせは…**）」と続くことから、**遺伝子以外に睡眠の傾向を変えることができる内容**と予想できるため、続く第5、6段落の内容につながるものを選べばよい。

よって空所に入れるのに適切なのは、選択肢**5**である。

〈全訳〉

　良い睡眠はなかなか手に入らない。米国政府によると、3分の1を超える成人が健康的な睡眠量を日常的に得られていない。そして健康的な睡眠量は一晩に最低7時間と言われている。夜ふかしのせいで睡眠が十分に取れていないのなら、朝型よりの生活にするのにできることがある。

　まず最初に心に留めておきたいのは、就寝時間は遺伝にある程度の影響を受けるということだ。誰もが自分の生体リズム、つまりクロノタイプを持っており、最適な就寝および起床時刻が決まる。研究によると、朝型に引き寄せる多くの遺伝子、夜型に引き寄せる遺伝子、その中間に引き寄せる遺伝子が存在している。

　『ネイチャー・コミュニケーションズ』誌に発表された研究では、70万人近くの睡眠習慣を分析し、朝型人間かどうかを決定する多くの遺伝子を特定した。平均的に、「朝型」の遺伝子変異を最も多く持った人は、最も少ない人と比較すると就寝と起床が30分早くなる傾向があった。

　睡眠医学の医師でPennsylvania大学Perelman医学部の准教授であるIlene M. Rosen博士は、「24時間のリズムは遺伝子によるもので、実際に変えることは難し

い」と述べ、我々の起床や就寝のタイミングを決めている生まれつき備わった24時間の体内サイクルについて言及している。「**しかし良い知らせは、**[   ]」

　現在夜型の生活をしているからといって必ずしも、夜遅くまで活動する宿命にあるわけではない。気晴らしのために自分の最適な就寝時間を過ぎて遅くまで起きている可能性もある。午後10時ごろに自然に眠くなるはずの多くの人が、例えば、仕事をしたり、ネットサーフィンをしたり、Netflixに熱中して夜中まで起きてしまったりしている。そのために、朝起きるのが難しくなるのだ。

　しかし朝のルーティンに焦点をあてれば、より朝型の人間になれる。

---

come by…手に入れる
fail to do…～し損なう、～するのに失敗する
take steps…措置を講じる
keep in mind…心に留めておく、留意する
govern（動）…管理する、支配する、影響を与える
burn the midnight oil…夜遅くまで仕事や勉強をする

正解：**1**

出典：Anjali Sud, How Technology Can Help Foster Inclusivity and Productivity at Work, TIME

まず、すべての選択肢に目を通し、空欄の内容を推測する手がかりにしよう。
それぞれの選択肢を和訳してみると、以下の通りである。

1　ただ適応するのではなく、導入する時だ
2　この機会を危機と見るべき時だ
3　オフィスと学校の境界を壊す時だ
4　異なる文化を享受すべき時だ
5　人間関係の難しさを乗り越える時だ

これを踏まえて、空欄を含む文とその前後を見てみよう。

空欄の前にある「For every business planning for the future：（**将来に向けて計画しているあらゆる事業は、**）」に続くものが本文の内容に合致しているか確認しよう。本文では、第1段落で、パンデミックは、我々を新しい働き方に「adopt（**適応**）」させた、とあり、第3段落ではビデオを「adopt（**導入**）」した結果、可能になってきたことについて述べている。また、第4段落では、さらにその**利点**を述べている。
よって、続く第5段落の空欄に入れるのに適切なのは、「adapt」から「adopt」へと示唆している選択肢**1**である。

〈全訳〉
　パンデミックによって我々は適応せざるを得なかった。ビデオ会議、オンライン放送、メッセージ機能により、新しい働き方を見出し、国境や時差を越えた。
《中略》
　人間のつながり度合いを目に見える生産性に変換するにはどうしたら良いか。私たちは（場所と時間で定める）「職場」や「会議」の概念を、同時に起こらない、（すべての人がアクセス可能なソフトウェアで定める）場所を伴わないコミュニケーションに再定義する。そして職場での知識や情報を共有する主な方法としてビデオのようなメディアを採用する。
　ビデオを大量導入することで会議やイベントの枠を超えるところにまで技術は到達した。メール送信、プロジェクトにおける協力、研修の主催、製品デモ、顧客への売り込みなどをする際はいつも、魅力あるプロ品質のビデオが、そういったやりとりを強化してくれる。そしてビデオは、文字起こしや検索ができるため、社内のどこからでもその内容にアクセスできる。

　これにより、時間に縛られた会議から複雑で微妙なアイデアを自由にしてやることができ、知識はより早く広まり、より長く保持されるようになる。いる場所や立場にかかわらず、誰もが同じ情報にアクセスできるようになる。よって、文化を築き、協力を促進し、真にグローバルで包括的な方法で人材にアクセスできるようになる。つまり、「場所はどこか」や「時間はいつか」といった制約を打ち破り、労働において「相手は誰か」の要素を推し進めることができるのだ。

将来に向けて計画しているあらゆる事業は、　　　　　　　　　。

　10億人を超える知識労働者が、時間と場所の制約を受けない環境で、コンテンツのクリエーターとなり、学び、協力し、つながる、極めて効率的で情報で満たされた状態をぜひ想像してみてほしい。

---

force A to do…Aが〜するよう強制する、強要する
translate A into B…AをBに翻訳する、変換する
tangible（形）…有形の、明白な、具体的な。反意語の**intangible**は「無形の」
redefine（動）…再定義する　**define**（動）…定義する
allow A to do…Aが〜することを許す、可能にする
free from A…Aがない、Aから解放されて

問題3　**国家一般職（2023年度）** ································· 本冊P.133

正解：2

出典：Ian Royall, Antibacterial packaging modelled on bacteria-busting wing patterns, Kids News

　まず、すべての選択肢に目を通し、空欄の内容を推測する手がかりにしよう。
　それぞれの選択肢を和訳してみると、以下の通りである。

1　どの種類の薬品が細菌に対して強い効果を持つのか
2　昆虫に着想を得たナノパターンがどのように細菌を撃退するのか
3　どの種類の包装が食品から昆虫を取り除くのか
4　細菌がどのようにして薬剤耐性の性質を形成するのか
5　なぜ多くの人が細菌感染症によって死亡するのか

　ここで空欄の前後の箇所を見てみると、前半に「If we can understand exactly（もし、我々が正確に理解できれば）」とあり、後半に「we can be more precise in engineering these shapes to improve their effectiveness against infections（我々はより精密にこれらの形状を設計し、感染症に対する効果を高めることができる）」と続く。
　さらに1つ前の文を見てみると、「we find insects have evolved highly effective

antibacterial systems（昆虫が非常に効果的に抗菌システムを進化させてきたとわかる）」とあることから、空欄に入るのは、**これまで言及されてきたナノパターンの性質を掴むこと**であると考えられる。

よって、選択肢**2**が適切である。

〈全訳〉

　昆虫の羽には、触れると細菌を破壊するナノピラー、または鈍い突起がある。オーストラリアと日本の科学者たちは、昆虫の羽から着想を得てナノパターンの素材を作っている。これらのパターンも細菌細胞を破壊する。この新しい技術は、食品の保存に大きな影響を与える。食品に細菌の増殖が浸透すると多くの食品が無駄になるからである。新しい素材は、食品を細菌汚染から守ってくれる。

《中略》

　科学者たちは、抗菌包装を大量生産する最善の方法を見つけるためにこの技術の改良に取り組んでいる。しかし、この技術の可能性は包装に留まらない。『ネイチャー・レビューズ・マイクロバイオロジー』誌に2020年の前半に発表されたレビューでは、研究者らは、将来的には抗生物質に対する耐性の強い細菌スーパーバグを撃退する可能性があると詳細を明らかにしている。

　RMIT大学科学研究科のElena Ivanova特別教授は、当時、薬物耐性菌感染症により毎年70万人以上の人が亡くなっており、化学薬品以外で細菌を殺す方法を見つけることが重要だと述べた。「細菌が抗生物質に対する耐性を持つことで、世界中の健康は凄まじく脅かされており、感染症の通常の治療はますます難しくなっている」とIvanova教授は話した。「自然界に目を向けると、昆虫が非常に効果的に抗菌システムを進化させているとわかる。我々が正確に　　　　　　　　　を理解できれば、我々はより精密にこれらの形状を設計し、感染症に対する効果を高めることができる。我々の最終目標は、拡張可能な抗菌表面を低コストで開発し、移植や病院で利用できるようにし、致命的なスーパーバグとの闘いに強力な新兵器を提供することだ」

---

destroy（動）…破壊する
defeat（動）…撃退する
infection（名）…感染、感染症
bacterial resistance…細菌の耐性

---

2 3 文章整序

問題1 特別区I類（2022年度）…………………………………………… 本冊P.140

正解：3

出典：デイビッド・セイン『英語サンドイッチメソッド』（アスコム）

　日本独特のカレーライスについての説明である。**論理的なつながり**に着目し、順序を決めていくのがよい。**ア**の「many Japanese elementary school students（多くの日本人の小学生）にカレーが人気」という説明の後には**エ**の「子供だけでなく、年齢を問わずカレー好き」がつながる。また、そのことから「カレーは日本の国民食と言えるかもしれない」と考えられるため、**キ**が続き、**ア－エ－キ**の順となる。

　また、カレーの味に言及している**イ、ウ、オ**については、**ウ**の「日本のカレーとスパイシーなインドのカレーはslightly different（少し違う）」が、**イ**「Of course, there are extra spicy curries in Japan（もちろん、日本にも格別にスパイシーな）カレーもある」が、その味は、**オ**「spicy（スパイシー）にしているだけでなく白米に合うように作られる」という順序が適切で、**ウ－イ－オ**の順になる。

　最後に、**カ**「This might explain」の**This**が指す内容を探してみると、日本のカレーの味付けについて述べている**オ**の内容がThisに相当するため、**オ－カ**の順序となる。

　よって、最も適切なのは、選択肢**3**の「**ア－エ－キ－ウ－イ－オ－カ**」である。

〈全訳〉

ア　多くの日本の小学生にとって一番人気の給食メニューのひとつにカレーライスがある。

イ　もちろん、日本にも格別にスパイシーなカレーはある。しかし、マイルドタイプのカレーもあるのだ。（カレーなのにマイルドとは）矛盾しているように感じるかもしれない。

ウ　しかし、日本のカレーはよりスパイシーなインドのカレーとは少し違っている。

エ　ほとんどの日本人は、若い人もそうでない人も、この料理が大好きである。

オ　日本のカレーはスパイシーに作られているだけでなく、和食の主食である白米に合うようにも作られているのだ。

カ　これこそが、その独特な特徴のある食感と味の理由と言えるかもしれない。

キ　カレーは、日本の国民食、いや、おふくろの味とさえ言えるかもしれない。

イ　**contradictory**（形）…矛盾している

オ　**staple**（名）…主食、主な要素

カ　**unique**（形）…独特な

キ　**comfort food**…元気の出る味、おふくろの味

正解：5

出典：Nathan Furr, Andrew Shipilov, Digital Doesn't Have to Be Disruptive, Harvard Business Review

囲み内の前提となる文章より、**デジタルトランスフォーメーションに対する企業の対応**についての文章である。

文章を並べ替える問題では、文章の内容の他、**接続詞**や**指示語**（this, thatなど）に注目すると手がかりになる。

冒頭の文章の最後で、「no one can explain to me what it actually means（デジタルトランスフォーメーションとは一体何なのかを説明できる者が誰もいない）」とあるが、これに続くのは、**エ**の「the answer is simple（答えは単純だ）」が適切と考えられる。よって**エ**が最初にくる選択肢4と5の2つに絞られる。

イは、「**What's more,**（さらに）」と始まっていること、**these** という指示語に注目する。「these apps（それらのアプリ）」とあるので、アプリについての話題の続きであることが分かる。よって、アプリケーションについて言及している**ア**の後に**イ**がつながり、選択肢4は消去できる。

残った選択肢5を検証しよう。「digital transformation」の実際の意味をとらえにくいという内容の囲みの文章に続いて、**エ**でその語の基本的な概念を述べ、**ウ**でこれは新しい課題ではなく、これまでも存在していたことに触れている。そして、今日さらに難しくなっている状況を具体的に**ア**、**イ**で述べており、最後の囲み内の結びの文章の要約につながっている。

文章としてスムーズにつながっているため、最も適切なのは、選択肢5の「**エ→ウ→ア→イ**」である。

〈全訳〉

> 穏やかなジュネーブ湖を眺めながらの長い昼食の終わりに、大手グローバル企業のシニアバイスプレジデント（上席副社長）はこう告白した。「我々はデジタルトランスフォーメーションに関する10あまりの委員会を設けている。デジタルトランスフォーメーションを主導している。デジタルトランスフォーメーションを全力で進めている……しかし、**デジタルトランスフォーメーションとは一体何なのかを説明できる者が誰もいない**」

ア：しかし、シニアバイスプレジデントが指摘したのは、企業がその答えをアクションプラン（活動計画）に落とし込むことがますます難しくなっているということだ。今日のコンピュータは、ポケットに入れたり手首に装着したりできる。内蔵されているソフトアプリによって、これまで人間がしていた業務（費用管理など）の自動化、ハードウェアの仮想化、さらに最適化された製品およびサー

ビスのカスタマイズがますます可能になっている。

イ：さらに、これらのアプリはどこにいても利用できる。デバイスやインターフェースに埋め込まれたセンサーによってリアルタイムでデータが取り込まれ、より多くの情報に基づいた意思決定や機械による提案が可能になる。

ウ：これは新しい課題ではない。結局、コンピュータやソフトウェアは数十年も前から存在し、製品やサービスに変えてきた。またそれらの製造、提供方法にも変化をもたらしてきた。

エ：非常に基本的なレベルで説明するのなら、答えは単純だ。このよく使われる用語は、デジタル技術がもたらす機会をとらえるために、組織の戦略や構造を適応させるという意味に過ぎない。

　要するに、デジタル技術は、もはやITの閉ざされた領域にあるのではなく、企業のバリューチェーンのほとんどすべての部分に適用されている。それゆえ、マネージャーたちが、どんな機会を追求し、どの取り組みを優先すべきかという点で、そもそもデジタルトランスフォーメーションとは一体何なのかを把握しようと躍起になるのは全くもって理解できる。

---

confess（動）…告白する、打ち明ける
initiative（名）…イニシアチブ、主導権、新たな取り組み
イ　**what's more**…what is moreの縮約形。さらに
　　decision making…意思決定
ウ　**challenge**（名）…課題、難題　エ　**capture**（動）…捕らえる、獲得する

問題3　国家総合職（2023年度）……………………………………… 本冊P.142

　　正解：1

　まず、囲み内の前提となる文章より、**インターネットの匿名性**についての文章である。

　文章整序の問題では、文章の内容の論理的なつながりを考えるのが大事だが、**接続詞**や**指示語**（this, thatなど）に注目すると分かりやすい。

　アの「**this** sentiment（この意見）」が指す内容を探すと、**ウ**の「online anonymity has to go away（オンラインの匿名性はなくす必要がある）」を受けたものと考えられ、**ウ—ア**の順であることが分かる。

　一方で、**オ**の「this overlooks an important fact」は、それまでの主張の欠点を

指摘しており、「needs some anonymity（一定の匿名性が必要）」と、**ウ**と**ア**で述べられた匿名性排除という主張に反対する内容になっている。匿名性を排除すべき、という議論の後に、匿名性は必要という議論が続く構成である。**オ**の文末に新情報として提示されたonline marketplacesが、**エ**の冒頭に旧情報としてEarly marketplacesとして受け継がれており、**オ－エ**のつながりがスムーズである。その結果、マーケットプレイスで生じたことが**イ**に述べられており、**オ－エ－イ**が連続することが分かる。

　よって以上を満たすのは、選択肢**1**の**ウ－ア－オ－エ－イ**が適切である。

〈全訳〉

> 　インターネット上の匿名性は最近評判が悪いが、それにはもっともな理由がある。匿名性という盾は、ネットいじめ、誤情報、およびその他の社会的な悪影響によって過度に傷つけられる有害なオンライン生態系を助長してきた。匿名性を排除することで、説明責任と信用を育む可能性がある。

ア：Airbnb社のCEOであるBrian Chesky氏もこれに同調し、2013年のインタビューで「匿名性を排除すれば、人間の良心が引き出される」と主張している。

イ：これにより、経済的効率だけでなく、いくつかのケースでは公平性も向上した。

ウ：これは、ハイテク企業の経営者たちにも理解されており、過去10年間、匿名性の排除を熱心に提唱してきた者もいる。2010年という早い時期に、Facebook社のマーケティングディレクターは「オンラインの匿名性はなくす必要がある」と主張していた。

エ：eBayといった初期のマーケットプレイス（電子市場）のおかげで、中間にプラットフォームを置くことで買い手と売り手が対等な立場で取引ができるようになった。

オ：しかしこれは、インターネットには一定の匿名性が必要だ、という重要な事実を見落としている。理由を理解するには、オンラインマーケットプレイスの進化を考えてみることだ。

> 　オンライン取引は比較的匿名性が高いため、人種や性別など、従来の取引では顧客への差別を生むのに使われることもあった要素は取り除かれた。

---

get a bad rap…不当な扱いを受ける　　**toxic**（形）…有毒の、中毒性の
ア　**echo**（動）…同調する　　ウ　**advocate**（動）…提唱する、擁護する
エ　**arm's-length**…互いに対等な立場の
オ　**overlook**（動）…見落とす、気づかない